Alex & Brett Harris

yes you can

Mach mit bei der Rebelution
und verändere deine Welt

Über die Autoren

Alex & Brett Harris, inzwischen 19 Jahre, haben einen Blog im Internet gestartet, um sich mit anderen Teens auszutauschen. Daraus wurde TheRebelution.com, eine Website mit mehr als einer Million Besucher im Monat! Die „kleinen" Brüder von Joshua Harris („Ungeküsst und doch kein Frosch") leben in Portland und gehen aufs College.

Alex & Brett Harris

Mach mit bei
der Rebelution
und verändere
deine Welt

Aus dem Englischen übersetzt
von Jokim Schnöbbe

Für unsere Eltern, Gregg und Sono Harris.
Dieses Buch ist Ausdruck eures Lebens.
Unser Erfolg ist euer Erfolg. Wir lieben euch.

Die amerikanische Originalausgabe erschien im Verlag
Multnomah Books, Colorado Springs, a division of Random House Inc.,
unter dem Titel „Do Hard Things".
© 2008 by Alex Harris und Brett Harris
© 2009 der deutschen Ausgabe by Gerth Medien GmbH, Asslar,
in der Verlagsgruppe Random House GmbH, München.
Die Bibelzitate wurden, sofern nicht anders angegeben, der Gute Nachricht
Bibel, revidierte Fassung, durchgesehene Ausgabe in neuer Rechtschreibung,
© 2000 Deutsche Bibelgesellschaft, Stuttgart (GN), entnommen.

1. Auflage 2009
Bestell-Nr. 816 412
ISBN 978-3-86591-412-5

Umschlaggestaltung: Michael Wenserit
Umschlagfoto: Jennifer Hartung
Satz: Nicole Schol
Druck und Verarbeitung: CPI Moravia

Inhalt

Vorwort von Chuck Norris 7

Teil 01. Die Teenie-Zeit neu definiert 9

Kapitel 01. Yes, you can! 10
Ein etwas anderes Teenie-Buch

Kapitel 02. Die Geburt einer großen Idee 16
Eine „Rebelution" braut sich zusammen

Kapitel 03. Der Mythos der Jugendzeit 31
Die geringen Erwartungen entlarven,
die unsere Generation bestehlen

Kapitel 04. So ist es besser 54
Die Jugendzeit als Sprungbrett fürs Leben zurückerobern

Teil 02. Fünfmal schwierig 71

Kapitel 05. Der schreckliche erste Schritt 72
Schwieriges anpacken, um aus der Kuschelecke
herauszukommen

Kapitel 06. Die Messlatte höher legen 98
Schwieriges tun und die Erwartungen sprengen

Kapitel 07. Zusammen ist man stark 120
Pack etwas an, was du nicht allein schaffen kannst

Kapitel 08. Schwierige Kleinigkeiten 146
*Dinge anpacken, auch wenn es sich
nicht sofort rentiert*

Kapitel 09. Farbe bekennen 162
Schwieriges anpacken und gegen den Strom schwimmen

Teil 03. Und jetzt alle ...! 183

Kapitel 10. Aufstand einer Generation 184
*Die Entstehung einer Gegenkultur
(und eine Prise Salz)*

Kapitel 11. Jugendliche Helden 200
Geschichten von Teenagern, die es schon tun

Kapitel 12. Jetzt kommen die Rebelutionäre 230
Deine Vision in die Tat umsetzen

Nachwort. Schwieriges, die Bibel
und was du damit zu tun hast 246

Anmerkungen 254

Vorwort
von Chuck Norris

Als Jugendlicher habe ich erlebt, wozu man in der Lage ist, wenn man Schwierigkeiten bewältigen muss. Große Armut, ein Vater, der an der Flasche hing und seine Familie im Stich ließ, und meine Schüchternheit – das waren nur einige der Hürden, die ich zu überwinden hatte. Meine Mutter hat mir immer gesagt: „Gott hat einen Plan für dein Leben." Und sie hatte recht. Wir alle sind von Gott dazu gemacht, in unserem speziellen Gebiet ein Segen zu sein – und für einige ein Held.

Um dahin zu kommen, gibt es jedoch nur einen Weg: Man muss aus seiner bequemen Ecke rauskommen und schwierige Dinge tun. Heutzutage wird von Teenagern wenig erwartet – man ist schon dankbar, wenn sie regelmäßig zur Schule gehen und noch ein paar Aufgaben im Haushalt erledigen. Diese geringen Erwartungen haben leider zur Folge, dass Teens die Lektionen des Lebens verpassen, die alles verändern.

Wie kann eine neue Generation dazu motiviert werden, Dinge zu bewegen und etwas aus ihrem Leben zu machen? Alex und Brett Harris haben eine Antwort. Ich kenne die beiden Jungs und habe selbst gesehen, mit wie viel Leidenschaft sie sich für ihr Anliegen einsetzen – nämlich Teens zu Großem zu motivieren.

Eins meiner Lebensprinzipien besagt, dass ich in allen Bereichen mein volles Potenzial ausschöpfen möchte und anderen helfen will, das ebenfalls zu tun. Brett und Alex sind aus demselben Holz geschnitzt, haben aber noch viel bessere Möglichkeiten, um junge Menschen auf der ganzen Welt zu erreichen.

Angefangen von einem lehrreichen geschichtlichen Abriss der Jugendzeit bis hin zu ganz konkreten Tipps, wie Teens Hürden überwinden können – immer geht es den beiden darum, die allgemein verbreitete Ansicht Lügen zu strafen, dass Teens zu nicht viel zu gebrauchen sind, und stattdessen Jugendliche dazu herauszufordern, sich schon früh ins volle Leben zu stürzen.

Das Buch wird hoffentlich dazu beitragen, eine neue Generation junger Trendsetter anzuwerben und einzusetzen. Mit Gottes Hilfe wird es eine neue Epoche einleiten, in der man von Jugendlichen wieder sagen kann: „Ich schreibe euch, *ihr jungen Männer*, dass ihr stark seid, dass das Wort Gottes in euch bleibt und dass ihr den Bösen besiegt habt" (1. Johannes 2,14).

Lies es – und dann leg los!

Chuck Norris ● *www.chucknorris.com*

TEIL 01

Die Teenie-Zeit neu definiert

Yes, you can!

Ein etwas anderes Teenie-Buch

Die meisten Leute denken, dass du nicht verstehst, was wir in diesem Buch erzählen. Wenn du es doch verstehst, erwarten sie, dass du nicht lange darüber nachdenken wirst. Und selbst wenn du darüber nachdenkst, rechnen sie nicht damit, dass du irgendetwas daraus machst. Wenn du dann doch etwas daraus machst, erwarten sie nicht, dass es von Dauer ist.

Wir schon.

Das hier ist ein anderes Buch. Schau online nach oder stöbere ein bisschen in einem Buchladen. Da gibt's eine Menge Bücher von Ü-40ern, die natürlich total verstehen, wie das Leben als Teenager so ist. Da gibt's eine Menge lappiger Taschenbücher der Sorte „Hauptsache billig", weil Jugendliche angeblich kein Interesse an Büchern haben und keinen Grund sehen, warum sie sich eins ins Regal stellen sollten. Und da gibt's eine Riesenauswahl von Büchern, bei denen du keinen Satz zweimal lesen musst – weil der Inhalt dermaßen vereinfacht wurde, dass ihn selbst ein Brötchen verstehen würde.

Was du in der Hand hältst, ist eine Herausforderung *für* Teenager und *von* Teenagern, die glauben, dass unsere Generation reif ist für eine Veränderung. Reif für etwas, das dir nicht ein viel besseres Leben verspricht, wenn du nur die richtigen Jeans kaufst oder das richtige Deo benutzt. Wir glauben, unsere Generation ist reif, ganz neu zu zeigen, wozu Teenager in der Lage sind.

Aus irgendeinem Grund geistert in unseren Köpfen die seltsame These herum, dass Teenager so ziemlich zu nichts zu gebrauchen sind und am besten einfach irgendwie die Zeit totschlagen sollten, bis sie aus dem gröbsten hormonellen und gefühlsmäßigen Chaos heraus sind. Wir möchten Teens dazu ermutigen, diese These im Klo herunterzuspülen und stattdessen eine ganz andere mit Leben zu füllen: Teens können Verantwortung übernehmen, krasse Dinge tun und ihr Leben und das anderer Menschen auf positive Weise verändern!

Wir sind Zwillingsbrüder, 19 Jahre alt, im amerikanischen Oregon geboren und aufgewachsen, wurden von unseren Eltern zu Hause unterrichtet und finden Jesus und das, was er gelehrt hat, absolut spannend. Wir haben jede Menge Fehler gemacht. Und obwohl wir nicht daran glauben, dass es so was wie „durchschnittliche Menschen" überhaupt gibt, halten wir uns selbst nicht unbedingt für etwas Besonderes.

Wir haben aber durchaus einige besondere Dinge erlebt. Mit 16 haben wir ein Praktikum beim Obersten Gerichtshof von Alabama gemacht. Mit 17 haben wir die Basis von vier landesweiten Politikkampagnen geleitet. Mit 18 haben wir den meistgelesenen christlichen Teen-Blog im Internet eröffnet (über eine Million Hits im Monat!). Wir durften vor Tausenden von Teens und ihren Eltern bei Konferenzen im In- und Ausland sprechen und haben Millionen online erreicht. Aber wenn unsere Teenager-Jahre etwas untypisch gewesen sind, dann nicht deshalb, weil wir irgendwie besser sind als andere Teens, sondern weil wir von einer einfachen, aber sehr großen Idee angetrieben wurden. Du wirst diese Idee auf den folgenden Seiten kennenlernen.

Wir haben miterlebt, wie diese Idee „durchschnittliche" Teenager in richtige Weltveränderer umgewandelt hat, die unglaubliche Dinge auf die Beine stellen können. Und das einfach, indem sie bereit waren, den Rahmen dessen zu sprengen, was die Gesellschaft so üblicherweise für möglich hält.

Es geht in diesem Buch also nicht um uns – das würden wir überhaupt nicht wollen –, auch wenn die Geschichte bei uns anfängt. Es geht um das, was Gott in den Herzen und Köpfen unserer Generation tun kann. Es geht um eine Idee. Es geht darum, gegen niedrige Erwartungen zu rebellieren. Es geht um eine Bewegung, durch die Teens auf der ganzen Welt zu einem neuen inneren und äußeren Verhalten bewegt werden. Und du sollst dazugehören.

Dieses Buch fordert dich auf, einige radikale Fragen zu stellen:

- Kann es sein, dass wir Teens heute zwar mehr Freiheit haben als jede andere Generation in der Geschichte, wir aber trotzdem einige der besten Jahre unseres Lebens einfach so im Sande verlaufen lassen?
- Kann es sein, dass unsere Gesellschaft uns Lügen über den Sinn und die Möglichkeiten der Teenie-Zeit erzählt und wir darunter leiden?
- Kann es sein, dass unsere Jugendzeit eine absolut einmalige Chance ist, die tollsten Dinge zu erreichen – als Einzelner und als Generation?
- Und als Letztes: Wie sähe unser Leben aus, wenn wir einen ganz anderen Weg einschlagen würden, einen Weg, der zwar mehr Anstrengung kostet, sich dafür aber auch erheblich mehr lohnt?

Wir beschreiben diesen alternativen Weg mit drei einfachen Worten: „Schwierige Dinge tun."

Wenn du so drauf bist wie die meisten Leute, wird deine erste Reaktion auf diese Worte wahrscheinlich so etwas wie: „Schwierig? Oh-oh. Mir fällt gerade ein, dass ich unbedingt noch woanders hin muss. Und zwar auf der Stelle."

Wir können diese Reaktion gut nachvollziehen. Das erinnert uns an eine Gruppe Mönche, von der wir gerne erzählen. Richtig gehört: Mönche.

13

Am Rand eines Dorfes in Deutschland befindet sich die imaginäre Abtei Dundelhoff. Das kleine Kloster beherbergt eine besonders strikte Gruppierung dundelischer Mönche, die alle das Gelübde abgelegt haben, sich ihr Leben lang selbst zu verleugnen und ohne alle Annehmlichkeiten der modernen Welt zu leben.

Anstatt bequemer T-Shirts und Jeans tragen diese Mönche entweder kratzige Ziegenhaarkutten oder eiskalte Kettenhemden, die sie sich auf die nackte Haut legen. Anstatt auf weichen Matratzen und Kissen mit warmen Decken schlafen sie auf den kalten Steinfußböden der Abtei. Hast du schon mal gelesen, dass Mönche wahre Gourmetköche sind? Nun, diese Mönche sind es nicht. Sie essen einen farblosen, faden Brei – einmal am Tag. Und sie trinken nur lauwarmes Wasser.

Wir könnten das weiter ausmalen, aber du hast es wohl schon kapiert. Bei jeder Entscheidung wählen die Mönche immer die schwierigere Möglichkeit, die körperlich am anstrengendsten ist, die am unattraktivsten scheint und am wenigsten Spaß macht. Warum? Weil sie glauben: Je schlechter es ihnen geht, desto heiliger sind sie, und je heiliger sie sind, desto glücklicher ist Gott über sie.

Da müssten diese armseligen Mönche doch das Aushängeschild schlechthin sein für das Motto „Schwierige Dinge tun", oder?

Nö!

Wir schmieden hier keinen Plan, um dir das Leben zu vermiesen. Wir wollen dich nicht dazu anregen, dir das Leben einfach mal möglichst schwer zu machen. Zum Beispiel raten wir dir nicht, eine Bank auszurauben, von einer Klippe zu springen, einen Berg mit bloßen Händen zu erklimmen oder 24 Stunden lang ohne Unterbrechung auf dem Kopf zu stehen. Wir raten dir nicht, sinnlose oder irrsinnige Sachen zu machen, nur weil sie schwierig sind. Und wenn du Christ bist, sagen wir dir auf keinen Fall, dass Gott dich auch nur ein Quentchen mehr lieben wird, wenn du dich mehr ins Zeug legst oder auf alles Mögliche verzichtest. Er wird dich nie mehr lieben, als er es jetzt schon tut – mehr geht nämlich gar nicht.

Darum geht's also nicht. Es geht darum, dich herauszufordern, deine Teenie-Jahre einfach spannender, sinnvoller und befriedigender zu gestalten als das, was heute so als normal gilt. Diese Alternative ist unserer Generation irgendwie verloren gegangen, und die meisten merken das gar nicht mehr. Auf den kommenden Seiten wirst du einige Jugendliche kennenlernen, die ganz normal sind, so wie du und ich, die aber diesen besseren Weg wiederentdeckt haben – höher zu zielen, größere Träume zu haben, stärker zu werden, Gott zu ehren, glücklicher zu sein und ihr Leben nicht zu verschwenden.

Wir wollen dir zeigen, dass wir und Tausende andere Teens bereits diesen Weg beschreiten und wie du es auch tun kannst. In Anlehnung an den Lieblingsspruch unseres neuen Präsidenten sagen wir daher: „Yes, you can!"

Die Geburt einer großen Idee

Eine „Rebelution" braut sich zusammen

Im Sommer 2005 waren wir 16 Jahre alt, und das war eine schwierige Zeit – nicht wegen irgendwelcher Dinge, die wir taten, sondern wegen dem, was wir *nicht* taten. Wir hatten uns bis dahin immer stark in öffentlichen Debatten und Rhetorik-Wettbewerben engagiert. Die Sommerferien hatten wir für gewöhnlich damit verbracht, das Thema der nächsten Saison zu recherchieren und Reden für einzelne Veranstaltungen zu schreiben. Irgendwann fehlte uns dann aber der Antrieb dazu, das weiterhin zu machen. Andererseits wussten wir nicht so recht, was wir mit uns anfangen sollten.

Uns fehlte irgendwie eine klare Richtung. Wir fragten uns, was wir mit unserem Leben anstellen sollten. Wir wollten etwas von Bedeutung tun, aber was? Jedes Mal, wenn wir meinten, einen Plan zu haben, schien Gott die Tür zu schließen. Wir waren in einem Schwebezustand. In der Grauzone.

Dann übernahm unser Vater das Kommando. „Ich gebe euch beiden diesen Sommer ein intensives Leseprogramm auf", verkündete er eines Morgens und stellte einen riesigen Bücherstapel auf die Küchentheke.

Wir sahen uns gegenseitig argwöhnisch an. Wir lesen echt gern, doch sowohl die Art, wie Papa das Wort „intensives" aussprach, als auch die Dicke der Bücher, auf die er zeigte, ließen uns stutzig werden. Der Stapel beinhaltete Bücher zu einer großen Bandbreite an Themen: Geschichte, Philosophie, Theologie, Soziologie, Wissenschaft, Wirtschaft, Journalismus und Politik.

In den nächsten Monaten war Lesen unsere Hauptbeschäftigung. Wir arbeiteten uns durch Bücher wie *Der Tipping Point. Wie kleine Dinge Großes bewirken können* von Malcolm Gladwell, *The Rise of Theodore Roosevelt* von Edmund Morris, *Total Truth* von Nancy Pearcy, *Der Stoff, aus dem der Kosmos ist* von Brian Greene, *Blog* von Hugh Hewitt und *Die Welt ist flach* von Thomas Friedman, um nur einige zu nennen. Je mehr wir lasen, desto mehr füllten sich unsere Köpfe mit spannenden – und gleichzeitig beunruhigenden – Gedanken darüber, wie schnell sich unsere Welt verändert und welche Rolle unsere Generation in ihr spielen wird.

Die Bücher waren zwar alle von Erwachsenen geschrieben, aber uns ging auf, dass sich besonders Teens bewusst werden müssen, was in ihnen beschrieben wird. Immerhin sind es doch wir, die später in der in diesen Büchern beschriebenen Welt leben werden.

Und sind es nicht auch wir Teens, die sich dann um die Welt kümmern müssen? Wenn das so ist – und wir waren davon überzeugt –, dann muss in unserer Jugendzeit mehr passieren, als die Popkultur uns glauben lässt.

Wir beschlossen, einen Blog zu starten, um uns über all das mit Freunden austauschen zu können und auch mit Leuten, die zufällig darüber stolpern würden. Wir wussten, dass wir unseren Gedanken irgendwie Luft machen mussten, und das Internet war eindeutig die beste Möglichkeit dafür. Nach einigem Hin und Her einigten wir uns schließlich auf einen Namen: *Rebelution*.

Das Wort „Rebelution" ist dir wahrscheinlich neu. Ehrlich gesagt haben wir es auch frei erfunden. Es ist eine Kombination aus „Rebellion" und „Revolution", um ein neues Wort für ein neues Konzept zu schaffen: nämlich gegen die Rebellion zu rebellieren. Genauer gesagt definieren wir „Rebelution" als „eine Teen-Rebellion gegen geringe Erwartungen".

In diesem Kapitel wollen wir dir die persönliche Seite der *Rebelution* zeigen, weil sie so nun einmal angefangen hat: mit zwei Teenagern, die eines Morgens aufwachten und eine sehr große Idee vor sich sahen. Es braut sich etwas zusammen. Ein Wandel in der Mentalität von Teenagern auf der ganzen Welt beginnt sich zu vollziehen.

In diesem Kapitel geht es darum, welchen Part wir darin spielen, und in den Folgekapiteln werden wir genauer erläutern, warum wir eine *Rebelution* für nötig halten, wofür sie steht und wie du dazugehören kannst.

Die richtige Saite angeschlagen

Hätte uns jemand gesagt, dass unser kleiner Blog, der von Google gehostet wurde und ein ziemlich billiges Design-Template hatte, einmal der meist gelesene christliche Teen-Blog im Web werden würde, hätten wir wahrscheinlich gelacht. Aber unsere Vorstellung davon, was Gott durch stinknormale Teens wie uns tun kann, hat sich seitdem ziemlich erweitert.

Einer unserer ersten Blogeinträge hieß „Der Mythos der Jugendzeit". Darin stellten wir die moderne Vorstellung infrage, dass man in den Teenie-Jahren hauptsächlich herumhängen und nichts tun sollte. Es dauerte nicht lange, da schrieben die ersten Teens Kommentare zu unseren Beiträgen. Zu unserer Überraschung fanden wir dabei heraus: Teens dachten nicht nur, dass die Jugendzeit einen tieferen Sinn haben *könnte,* sondern dass sie es sogar unbedingt haben *sollte.* „Was ihr hier schreibt, ist genau das, was mir fehlt", schrieb ein Teen. „Hört bloß nicht auf!"

Als wir in unserem Blog fragten, warum Teens denn nicht einfach gegen die geringen Erwartungen unserer Gesellschaft angehen, wurden wir vom Sturm der Zustimmung richtig weggefegt. „Alle Leute, die ich in der Schule kenne, sind von diesen geringen Erwartungen wie gelähmt", kommentierte Lauren, 16 Jahre alt, aus Colorado. Nate, der in Florida in die Oberstufe ging, schrieb: „Wow! Ihr drückt haargenau aus, was ich auch immer empfunden habe, seitdem ich … eigentlich seitdem ich ein Teenager bin."

Als die Diskussionen an Fahrt gewannen, fragten wir uns immer wieder, wer genau diese anderen Teens waren. Einige kannten wir, aber die meisten nicht. Waren das alles überfliegermäßige fromme Streber? Wir fragten sie und fanden heraus, dass das nicht der Fall war. Die meisten sahen sich selbst als ganz normale Teens. Einige gingen auf staatliche Schulen, andere auf Privatschulen und wiederum andere wurden zu Hause unterrichtet. Die meisten kamen aus den Vereinigten Staaten, aber es gab auch welche aus Kanada, England, Deutschland, Australien, Brasilien und den Philippinen. Wir haben echt keine Ahnung, wie die uns gefunden haben. Aber fast alle hatten dasselbe Gefühl der Aufbruchsstimmung. Unsere Fragen hatten die richtige Saite angeschlagen.

Die Sache wuchs. Neue Fragen entfachten neue Diskussionen und führten zu neuen Blog-Einträgen, manchmal zwei oder mehr pro Tag. Wir hatten nicht alle Antworten parat, und die meisten Besucher dachten das von sich auch nicht. Aber all das Fragen und Argumentieren, das innere Drängen und Forschen, schärfte unsere groben Vorstellungen. Etwas Großes begann sich zu entwickeln.

Sogar viel größer, als wir dachten. Nur drei Wochen

nach Start des Blogs schrieb die *New York Daily News*, immerhin eine der größten Tageszeitungen der USA, eine Kolumne über unseren Blog. „Homeschool-Zwillinge sagen anderen Teens: Denkt groß!", lautete die Überschrift. Die Kolumne begann mit den Worten: „Die meisten Blogs von Teenagern sind die Online-Variante von parfümierten Tagebüchern und Schulkritzeleien: Teens können dort tratschen, ihre Gefühle bekennen und sich mit ihren Freunden vernetzen. Aber zwei sechzehnjährige Zwillinge aus Oregon wollen das ändern."

„Die Jugendzeit ist aus unserer Sicht kein Urlaub von der Verantwortung", hatten wir dem Kolumnisten gesagt. „Sie ist ein Übungsfeld für alles, was man später mal erreichen will."

Der Artikel brachte dem Blog viele weitere Leser. Die meisten waren einfach neugierig, weil es da eine Gruppe von Teenagern gab, die Verantwortung sogar *suchte*. Viele der Leute wurden zu regelmäßigen Lesern, und der starke Andrang störte die eigentliche Diskussion der wachsenden Zahl an „Rebelutionären" nicht.

„Mal angenommen, bei uns funzt die Sache wirklich", schrieb Jake, der in Oklahoma auf die Mittelschule ging, als Antwort auf einen neuen Beitrag über die geringen Erwartungen an Teens in den Medien. „Was dann? Was müssen wir machen? Wie geht es weiter?"

Gott ist wohl unserer Online-Diskussion gefolgt –

und hat darüber geschmunzelt. Denn was er uns als Nächstes vor die Füße legte, war irgendwie genial.

Versuchskaninchen für unsere eigene Idee

Im Oktober 2005 bot sich uns die Möglichkeit, uns für ein längeres Praktikum beim obersten Landgericht von Alabama zu bewerben. Wie bitte? Im Leben hätten wir uns so etwas nicht träumen lassen. Solche Stellen sind normalerweise für Jura-Studenten und außergewöhnlich gute College-Schüler reserviert. Gut, wir hatten bei den Rededuellen der Rhetorik-Wettbewerbe einigen Erfolg gehabt, aber wir hatten noch nicht einmal einen Highschool-Abschluss – schließlich waren wir ja erst 16.

Zunächst dachten wir, die wüssten nicht, wie alt wir waren. Aber wie sich herausstellte, hatte der für die Praktika zuständige Anwalt im Büro von Richter Tom Parker unseren *Rebelution*-Blog gelesen und sich gedacht, dass er uns beim Wort nehmen wollte. Immerhin hatten wir behauptet, Teenager hätten jede Menge ungenutztes Potenzial, das einfach verschwendet wird. Auf Anfrage des Anwalts hob Richter Parker die normale Altersgrenze für Praktikanten auf und ging nur danach, ob wir für den Job qualifiziert waren. Die Tür war offen. Jetzt waren wir dran.

Wir bewarben uns also. Aber ehrlich gesagt wussten wir nicht, wovor wir mehr Angst hatten: abgelehnt oder angenommen zu werden.

Ein qualvoller Monat verstrich. Dann kam endlich die Antwort: Wir hatten einen zweimonatigen Praktikumsplatz in der Kanzlei eines der obersten Richter. Unsere Hauptaufgabe würde darin bestehen, Präzedenzfälle für Richter Parkers Verhandlungen zu recherchieren und Akten zusammenzustellen. Zwei Wochen vor unserem 17. Geburtstag sollten wir anfangen.

Wir fanden es toll, dass wir die Stelle bekommen hatten, doch gleichzeitig war es eine große Verantwortung. Wir würden die jüngsten Praktikanten in der Geschichte des Landesgerichts von Alabama sein, möglicherweise von Obersten Gerichtshöfen überhaupt. Wir hatten zwar durchaus einiges zu bieten – wir hatten schließlich schon lange daran gearbeitet, sachkundige Rechercheure, Disputanten und Schreiber zu werden –, aber das war alles auf Highschool-Niveau gewesen. Hier kamen wir in eine ganz andere Liga. Gott schien uns zum Versuchskaninchen für unsere eigene Idee zu machen. Das war nur fair, das sehen wir jetzt auch ein. Aber damals hatten wir ganz schön zittrige Knie.

Wir würden zum ersten Mal längere Zeit von zu Hause weg sein, und wir hatten weniger als einen Monat, um uns vorzubereiten. Wir würden jeden Tag in Schlips und Kragen herumlaufen, was einige hektische Einkaufstouren in die Stadt erforderte. Wir mussten uns auch um eine Unterkunft vor Ort kümmern, und selbstverständlich wollten wir unsere Blog-Leser auf dem Laufenden halten.

23

Die fanden die ganze Sache natürlich aufregend. Alle sahen es so, dass wir beide nun eine Chance hatten, die von uns so heiß diskutierten Ideen in der Praxis auszuprobieren. Jetzt sollten wir die Botschaft unserer kleinen Bewegung auch wirklich leben – nicht nur darüber schreiben.

Bei unserer Ankunft in Montgomery wurde uns gesagt, dass wir auf unterschiedlichste Art und Weise mithelfen sollten und vieles nach dem „Learning by doing"-Prinzip passieren würde. Obwohl Richter Parker und seine Mitarbeiter offen und freundlich waren, würden wir doch keine Sonderbehandlung erhalten. Sie hatten unser Alter bei der Bewerbung außer Acht gelassen, und das würden sie jetzt auch tun, wenn es um unsere Leistung ging. Wir mussten uns ihr Vertrauen verdienen und durften die Effizienz des Gerichtshofes in keinster Weise stören.

Das hieß, wir mussten klein anfangen: die Post holen, Kopien machen und Papierkram sortieren. Außerdem schrieben wir Pressemitteilungen und kümmerten uns um einen Teil der E-Mail-Korrespondenz. Schon bald wurden wir gebeten, Richter Parkers Stellungnahmen zu lektorieren und sie an die anderen Richter weiterzugeben. Jedes Mal, wenn wir einen Job gut machten, vertraute uns Richter Parker ein bisschen mehr an. Das wiederum motivierte uns, dazuzulernen und uns zu verbessern; er traute es uns ja offensichtlich zu.

Innerhalb der zwei Monate stiegen wir von Laufburschen zu Leuten auf, die Richter Parker zu repräsentativen Anlässen begleiteten. Hatten wir anfangs seine Stellungnahmen nur auf Zeichensetzung und Rechtschreibung Korrektur gelesen, trugen wir zum Schluss ganze Abschnitte in der Endformulierung bei. Manchmal schrieben wir sogar interne Memos an die anderen Richter. Als unser Praktikum zu Ende ging, war sogar Richter Parker erstaunt, was wir geleistet hatten – und wir waren im siebten Himmel.

Sofort öffnete sich eine weitere Tür: Wir wurden wieder nach Alabama eingeladen, um vier landesweite Wahlkampf-Kampagnen für das Landgericht von Alabama zu leiten, einschließlich der für Parkers Nominierung zum Obersten Richter.

Die Versuchskaninchen hatten überlebt! Wichtiger noch, wir beide hatten eine persönliche *Rebelution* erlebt. Und das war erst der Anfang.

Quer durch den Staat

Unser Praktikum hat zwei junge Männer auf die Probe gestellt, aber die Kampagne sollte ein ganzes Team von Teenagern auf die Probe stellen – Hunderte, um genauer zu sein. Als Basis-Manager sollten wir Jugendliche anheuern, bei der Kampagne mitzumachen. Und unser Kriterium sollte dasselbe sein, das uns den Job verschafft hatte: Nicht das Alter war wichtig, sondern Motivation und Potenzial.

Auf fast allen Ebenen der Kampagne heuerten wir Teenager an und ermutigten sie dazu, viel mehr Verantwortung zu übernehmen, als man ihnen generell zugetraut hätte. Teens designten Webseiten. Teens organisierten Unterkünfte und Verpflegung für freiwillige Helfer von außerhalb. Teens nutzten komplizierte Softwareprogramme, um Routen für die Auslieferung von Flyern und Plakaten zu planen. Sie stellten Veranstaltungen auf die Beine und koordinierten Fernsehübertragungen. Sie versorgten uns mit Logos, Fotos und Videos.

Wichtiger als Erfolg

Wenn wir von dem Wahlkampf in Alabama erzählen, fragen uns die Leute immer, ob unser Team gewonnen hat. Die Antwort lautet: Nein. Trotz des Einsatzes und all der harten Arbeit all der Teens hat „unser" Kandidat nicht genügend Stimmen bekommen.

Aber auch wenn das komisch klingt: Das war letztlich nicht die Hauptsache. Kurz nachdem die Kampagne vorbei war, schrieb uns Heidi Bentley, 17 Jahre alt und eine unserer „Säulen" im Wahlkampf, was Gott während dieser Zeit in ihrem Leben getan hat:

Während dieser ganzen Kampagne hat Gott unglaubliche Sachen gemacht. Ich glaube, ich bin in diesen letzten Monaten mehr gereift als im ganzen Jahr davor!

Als ich den Ausdruck „Schwierige Dinge tun" zum ersten Mal las, musste ich lachen. Genau das hat Gott mir nämlich beizubringen begonnen, als die Kampagne startete.

Er hat meine Sichtweise von meinen Fähigkeiten genommen und sie auf dreifache Größe gestreckt.

Meine Familie habe ich wohl ziemlich damit geschockt, dass ich Dinge tue, die sie (und ich selbst) nie von mir erwartet hätten. Es ist echt erstaunlich, wozu man fähig ist, wenn man Gott genug vertraut, um seinen eigenen Wohlfühlbereich zu verlassen!

Wir schauen dankbar auf diese Zeit zurück, aus der wir so viel gelernt haben: Gott zu vertrauen zum Beispiel. Oder die Erkenntnis, dass wir uns dann weiterentwickeln, wenn wir den Bereich verlassen, in dem wir uns sicher fühlen. Oder dass Jugendliche zusammen viel mehr auf die Reihe bekommen können, als man für möglich hält. Die Arbeit im Wahlkampf hat uns gelehrt, dass es viel schlimmer ist, etwas gar nicht erst zu versuchen, als zu verlieren. Und wir haben am eigenen Leib erlebt, dass jede Bemühung „Muskeln" aufbaut, auch wenn sie letztlich nicht zum gewünschten Ergebnis führt. Genauer gesagt hat uns die Erfahrung geholfen, unsere *Rebelution*-Idee zu konkretisieren, besonders im Hinblick auf das, was wir „die drei Säulen der *Rebelution*" nennen: Charakter, Kompetenz und Teamarbeit (aber mehr darüber später).

Entstehung einer *Rebelution*

Als wir nach der Kampagne wieder nach Hause kamen, wollten wir uns unbedingt wieder auf unsere

Online-Gemeinschaft konzentrieren, die weiterhin gewachsen war. Wir entschieden schnell, dass wir den Blog auf die nächste Stufe bringen wollten, und zwar indem wir eine richtige Website starteten, wo Rebelutionäre mehr Ideen und mehr Möglichkeiten zum Austausch finden würden.

Wochenlange Planungen und mehrere durchgemachte Nächte später ging die Website am 28. August 2006 in die Startlöcher – genau ein Jahr, nachdem wir den *Rebelution*-Blog angefangen hatten.

Um 18:00 Uhr ging es los. Und dann warteten wir.

Das Echo kam sofort und war überwältigend. Obwohl wir so gut wie nichts in Sachen Werbung getan hatten, sprang unser Zulauf von 2.200 Hits am Vortag auf 12.800 am Starttag. Das ist eine 480-prozentige Wachstumsrate innerhalb eines Tages. Jetzt war es kein popliger Blog mehr mit einem Standard-Design; es war eine echte Online-Gemeinschaft.

Gegen die Rebellion rebellieren

Inzwischen ist es zwei Jahre her, dass unser Vater den großen Bücherstapel auf die Küchentheke stellte und unserem ziellosen Sommer den Todesstoß verpasste. Seitdem hat unsere Website über 15 Millionen Besuche von mehreren Millionen Leuten aus aller Welt bekommen. Wir haben *Rebelution*-Konferenzen in verschiedenen Teilen der Vereinigten Staaten abgehalten und eine sogar in Japan. Zu unserer letzten Konferenz im

Jahr 2007 kamen 2.100 Menschen, von denen einige 16 Stunden mit dem Auto gefahren waren, nur um dabei zu sein.

Es ist einfach unglaublich, was Gott seit dem Sommer 2005 getan hat, und wir fühlen uns geehrt, dazuzugehören. Wir haben uns zwar den Namen ausgedacht, aber die *Rebelution* ist etwas, das Gott in den Herzen unserer Generation tut, nichts, was auf unserem Mist gewachsen ist. Deswegen geht es in diesem Buch auch nicht darum, mit unseren tollen Errungenschaften anzugeben, sondern über etwas Riesengroßes zu sprechen, das Gott mit Jugendlichen auf der ganzen Welt vorhat – auch mit dir.

Wenn man in die Geschichte zurückblickt, gibt es schon viele Bewegungen, die von Jugendlichen begonnen (oder vorangetrieben) wurden. Leider waren die meisten dieser Bewegungen jedoch Revolten gegen Autoritäten (Eltern, Kirche, Regierung etc.), und viele davon verrannten sich letztlich in eine ungute Richtung oder lösten sich völlig auf.

All diese gescheiterten Revolutionen könnten Teens, die sich einsetzen wollen, entmutigen. Aber nicht Rebelutionäre. Wir rebellieren nämlich nicht gegen irgendwelche Institutionen, auch nicht gegen Menschen. Unser Aufstand richtet sich gegen eine gesellschaftliche Norm, die den Zweck und das Potenzial der Jugendzeit verdreht und unsere Generation lähmt. Unser Aufstand wird nicht von Krawallen und Gewalt bestimmt, sondern von Millionen individueller Teens, die sich ganz im Stillen entschließen, etwas Besonderes mit ihrem Leben anzufangen. Es ist eine Revolution, die sich nicht *gegen* etwas oder jemanden richtet, sondern *für* etwas ist – für das volle Leben, wie Gott es uns wünscht! Und zwar lieber heute als morgen.

In den nächsten Kapiteln zeigen wir dir, wie das aussehen könnte.

Der Mythos der der Jugendzeit

Die geringen Erwartungen entlarven, die unsere Generation bestehlen

Kennst du jemanden, der einen Elefanten hat? Wir auch nicht. Wir sind mit ganz normalen Haustieren groß geworden, neben einigen ungewöhnlichen: Ratten, Schlangen, Wildenten, Schildkröten, Salamander, einem Uhu und sogar einem Weißwedelhirsch.

Aber einen Elefanten hatten wir nie.

Das hat uns nicht abgehalten, davon zu träumen, einen zu haben. Wir konnten uns so richtig vorstellen, was wir sagen würden, wenn ein anderes Kind herumprahlte: „Wisst ihr was? Wir haben gerade einen Hund bekommen! Einen reinrassigen Schnauzerdudel-irgendwas! Er bringt Sachen zurück, wenn man sie wirft, und macht Platz und so!"

„Wow!", hätten wir geantwortet. „Und wir haben gerade einen Elefanten bekommen."

Von dem Augenblick an wären wir die Zwillingsherrscher des Spielplatzes gewesen. „Bring doch mal

31

deinen tollen Schnauzerdudel mit. Mal sehen, was passiert, wenn sich unsere Haustiere begegnen."

Oder so ähnlich.

Als wir älter wurden, brachten wir einige Dinge über Elefanten in Erfahrung. Es gibt Gebiete in Asien, da benutzen Bauern Elefanten zum Beispiel dazu, einen Großteil der schweren körperlichen Arbeit zu übernehmen. Elefanten reißen Baumstümpfe aus, ziehen ganze Bäume durch den Dschungel und tragen schwere Lasten. Das können sie auch richtig gut. Sie sind nämlich nicht nur gewaltig groß, sondern auch unglaublich stark.

In einigen Ländern gibt es „Elefanten-Festivals", bei denen die Stärke, Geschicklichkeit und Klugheit dieser mächtigen Tiere gefeiert wird. Elefantenführer bringen ihnen bei, Basketball und Fußball zu spielen – mit riesigen Bällen. Elefanten führen choreographierte Tänze mit musikalischer Begleitung auf. Doch die Hauptattraktion ist immer wieder das Tauziehen zwischen einem Elefanten und 100 erwachsenen Männern.

Das muss man sich mal vorstellen! Wir sind ja Halb-Japaner, also sagen wir mal, der durchschnittliche Asiate bei diesem Tauziehen ist ungefähr so schwer wie wir – etwas über 60 Kilo. Nicht sehr imponierend (wir arbeiten daran!). Trotzdem sind das bei 100 Mann immerhin sechs Tonnen. Außerdem stehen die Männer ja nicht einfach nur herum. Sie rammen ihre Fersen in den Boden und *ziehen*.

Aber der Elefant gewinnt. Jedes Mal.

Als wir das hörten, waren wir uns in Bezug auf unseren Kindheitstraum nicht mehr so sicher. Was würden wir zum Beispiel tun, wenn unser Elefant mitten in der Nacht aufwachte und entschied, seinen Onkel Dumbo besuchen zu gehen?

Später fanden wir heraus, dass Elefantenbesitzer in Asien solche Sorgen nicht haben. Es gibt eine erstaunlich simple Lösung, damit die Elefanten nicht weglaufen: Der Besitzer nimmt ein dünnes Seil und bindet es an einen Holzpflock und mit dem anderen Ende an das rechte Hinterbein des Elefanten. Mehr nicht.

Natürlich ist das Seil für den Elefanten nichts weiter als ein Bindfaden. Ein Ruck, und das Seil würde zerreißen. Ein Tritt, und der Pflock würde davonfliegen. Und doch bleibt der Elefant, wo er ist. Er bewegt sich nicht vom Fleck.

Wie das möglich ist? Die Antwort hat herzlich wenig mit dem Seil um den Knöchel des Elefanten zu tun, sondern einzig und allein mit der unsichtbaren Kette im Kopf des Elefanten: Wenn der Elefant noch ein Baby ist, wird er mit einer starken Eisenkette an einem dicken Baum angebunden. Er kann ziehen und zerren, wie er will, die Kette wird nicht nachgeben und der Baum nicht umfallen. Irgendwann, wenn er sich oft genug den Fuß blutig gerieben hat, gibt er Elefant es auf und findet sich damit ab, dass er nichts gegen diese Fesseln tun kann. Und dann genügt es eben, ihn mit einer dünnen Schnur an ein Pflöckchen zu bin-

33

den. Er wird gar nicht mehr versuchen, gegen diese vermeintliche Begrenzung anzukämpfen.

In den letzten Jahren ist unser Traum von einem eigenen Elefanten verblasst. Stattdessen ist uns aufgegangen, dass wir möglicherweise selbst Elefanten sind.

Könnte es nicht sein, dass wir und die meisten Jugendlichen in unserem Bekanntenkreis diesem Elefanten gleichen: stark, klug, mit unglaublichem Potenzial, aber aus irgendeinem Grund von nichts weiter als einem kleinen Stück Schnur zurückgehalten werden? Durch eine Lüge gelähmt?

Wir glauben, dass das so ist. Und wir sind zu der Überzeugung gekommen, dass unsere Generation hauptsächlich von einem scheinbar harmlosen, aber sehr weitreichenden Konzept zurückgehalten wird, das wir den „Mythos der Jugendzeit" nennen.

Als es *MySpace* noch nicht gab

Heute ist der Begriff „Teenager" so weit verbreitet, dass die meisten Leute überhaupt nicht darüber nachdenken. Und wenn sie es tun, dann meist nicht auf positive Weise. Dem Wörterbuch zufolge ist ein Teenager jemand zwischen 13 und 19 Jahren. Vermutlich fällst auch du in diese Kategorie. Wie die meisten Teens gehst du zur Schule, bist bei *MySpace* oder einer anderen Kontaktwebseite, und deine Fotos machst du meist mit dem Handy anstatt mit einem Fotoapparat.

Überrascht es dich, wenn wir sagen, dass es Teenager bis vor Kurzem überhaupt nicht gab? Du glaubst uns nicht? Wie wär's mit einem kleinen Überraschungsquiz?

Der erste nachweisliche Gebrauch des Wortes „Teenager" findet sich in:

a) Tyndales erster Ausgabe des englischen Neuen Testaments, 1526;
b) Shakespeares *Romeo und Julia*, 1623;
c) Theodore Roosevelts Rede „Strenuous Life", 1899;
d) einer Ausgabe von *Reader's Digest*, 1941;
e) Alex und Brett haben es für dieses Buch erfunden.

Richtige Antwort: d. Wirklich, das Wort „Teenager" gibt es erst seit nicht mal 70 Jahren.

In der gesamten Geschichte vor dem 20. Jahrhundert wurden die Menschen einfach nur in Kinder und Erwachsene aufgeteilt. Die Altersgruppe, die wir heute „Teenager" nennen, war damals hauptsächlich mit Familie und Arbeit beschäftigt. Zum Beispiel ging im Jahr 1900 nur einer von 10 amerikanischen Jugendlichen zwischen 14 und 17 zur Schule.

Der Historiker Friedrich Heer beschreibt diese Epoche in Europa:

Um 1800 galten Jugendliche beider Geschlechter als erwachsen, sobald sich die äußeren Zeichen der Pubertät bemerkbar machten. Mädchen erreichten das heiratsfähige Alter mit 15

35

… Jungen konnten sich mit 15 in der preußischen Armee als Offiziersanwärter bewerben. In der Oberschicht konnte man mit 15 oder 16 auf die Universität gehen oder einen Beruf anfangen. Das Schulabgangsalter, und damit das Ende der Kindheit, wurde dann im 19. Jahrhundert auf 14 erhöht.

Da fragt man sich, wie es damals so als Teen war, bevor es überhaupt das Konzept „Teenager" gab. Als Antwort würden wir dir gerne drei Jugendliche aus der amerikanischen Geschichte vorstellen.

George, David und Clara

George wurde 1732 im Staat Virginia als Sohn einer bürgerlichen Familie geboren. Als Elfjähriger verlor er seinen Vater. Obwohl seine Altersgenossen ihn nicht für besonders intelligent hielten, widmete er sich konzentriert seinen Studien und hatte mit 16 Geometrie, Trigonometrie und Vermessungskunde (alles was so unter Mathe fällt) gemeistert.

Mit 17 konnte George sein Wissen bei seinem ersten Job unter Beweis stellen. Und was für ein Job! Er war der offizielle Landvermesser von Culpeper County in Virginia. Das war kein Job für kleine Jungs, und mit Büroarbeit hatte das auch nichts zu tun. Drei Jahre lang stellte sich George dem harten Pionierleben, um bis dahin noch unverzeichnete Gebiete zu vermessen. Seine Messgeräte bestanden aus Holzklötzen und Ketten. Mit 17 war George ein Mann.

David wurde 1801 in der Nähe von Knoxville im Staat Tennessee geboren, wo sein Vater bei der Staatsmiliz war. Mit 10 begann David seine Seemannslaufbahn als Marinefähnrich auf dem Kriegschiff „Essex". Mit 11 erlebte er seine erste Schlacht.

Mit 12 erhielt er die Befehlsgewalt über ein Schiff, das in der Schlacht erbeutet worden war. Zusammen mit einer Crew sollte er das Schiff samt Besatzung zurück in die Vereinigten Staaten bringen. Auf der Heimreise erhob der gefangen genommene britische Kapitän Einwände dagegen, von einem Zwölfjährigen herumkommandiert zu werden, und verkündete, dass er unter Deck gehen und seine Pistolen holen werde (aus Respekt vor seiner Stellung hatte er sie behalten dürfen). Prompt ließ David ihm ausrichten, dass er erschossen und über Bord geworfen werden würde, sollte er sich auf Deck mit seinen Pistolen blicken lassen. Der Kapitän beschloss, unten zu bleiben.

Clara wurde an Weihnachten 1821 in Oxford im Staat Massachusetts geboren. Sie war ein Nachzügler, mit zehn Jahren Abstand zwischen ihr und der zweitjüngsten Schwester. Sie war eher scheu, hatte furchtbare Angst vor Fremden und bekam kaum ein Wort heraus. Dann passierte etwas, was ihr Leben völlig umkrempelte: Als sie 11 war, fiel ihr älterer Bruder David vom Scheunendach und verletzte sich schwer. Die junge Clara war außer sich und wollte sich unbedingt um ihn kümmern.

Im Krankenzimmer überraschte Clara dann alle,

indem sie sich wie eine erfahrene Krankenschwester verhielt. Sie ließ sich alles Mögliche einfallen und schreckte vor nichts zurück, um es ihrem Bruder so angenehm wie möglich zu machen. Stück für Stück überließen ihr die Ärzte die Pflege des jungen Mannes, was zwei Jahre (!) in Anspruch nahm.

Ein weiteres Jahr später, also mit 14, pflegte Clara dann einen Lohnarbeiter ihres Vaters, den die Pocken befallen hatten, und in der Folge zwei weitere Patienten, da die Krankheit sich in ihrem Dorf ausbreitete. Sie war immer noch schüchtern und gehemmt, aber ihr Wunsch, anderen zu helfen, war stärker als ihre Ängste. Mit 17 lehrte sie an einer Krankenpflegeschule mit mehr als 40 Schülern, die teilweise älter waren als sie selbst.

Jedem dieser drei Jugendlichen wurde schon früh ständig wachsende Verantwortung übertragen. Und sie haben es nicht nur gerade eben so geschafft, sondern sich der Situation voll gewachsen gezeigt. Wichtiger noch, wie das Zitat von Professor Heer zeigt, *waren damals junge Männer und Frauen wie sie keine große Ausnahme.*

Da stellt sich die Frage: Was hat sich seitdem verändert? Warum konnten damals Jugendliche beider Geschlechter mit 15 oder 16 Dinge tun (und sie gut machen!), die heute viele Mittzwanziger nicht geregelt bekommen?

Liegt es daran, dass junge Leute heute „Teenager" genannt werden? Nein, das greift zu kurz.

Eher schon liegt es daran, dass man die Jugendzeit heute durch die moderne Brille der Pubertät sieht – eine Entwicklungsphase, die vor gar nicht so langer Zeit niemandem ein Begriff war.

Ein „Teenager" ist erstmal jemand, der sich in den Jahren mit der 1 davor befindet. Damit haben wir gar kein Problem, auch nicht mit dem Wort an sich. Immerhin benutzen wir den Begriff „Teenager" ja selber ziemlich viel. Ein Problem haben wir mit dem modernen Verständnis von Pubertät, das es Jugendlichen gestattet – und sie sogar richtiggehend darauf festlegt –, viel länger als nötig kindlich und auch kindisch zu bleiben. Es hält uns von dem ab, was wir tun *könnten*, wozu wir von Gott *bestimmt* sind und was wir sogar tun *wollen*.

Für den mächtigen Elefanten ist ein Bindfaden wie eine Kette. Für uns Jugendliche von heute – eine freie, gebildete und außerordentlich gesegnete Generation – bestehen die Ketten aus simplen, aber giftigen Klischeebegriffen wie „Pubertät" und „Teenager".

Bist du bereit, dich zu befreien, indem du dein Denken änderst?

Deine Geschichte (angefangen vor 100 Jahren)

Die moderne Auffassung vom „Teenager" kann man am besten einordnen, wenn man einfach mal 100 Jahre zurückgeht. Damals, also um das Jahr 1900, hagelte es nur so neue Gesetze mit dem Ziel, Kinder vor den schlimmen Arbeitsbedingungen in den Fabriken zu schützen. Die Gesetze waren gut, weil die Zustände wirklich grausam waren und die Kinder so viel arbeiten mussten, dass sie keine Schule besuchen konnten und gesundheitlich ruiniert wurden. Leider hatten die Gesetze allerdings auch einige unbeabsichtigte negative Folgen. Indem die Kinderarbeit komplett abgeschafft wurde und eine höhere Schulbildung nun Pflicht war, fand die einst normale Rolle von Teens, in der Gesellschaft entscheidend mitzuwirken, ein jähes Ende.

Plötzlich saßen Jugendliche in einer ungenau definierten Kategorie zwischen Kindheit und Erwachsensein fest. Es gab in der „wahren Welt" keinen Platz mehr für junge Männer und Frauen wie George, David und Clara. Stattdessen wurde der „Teenager" erfunden: ein junger Mensch, dessen Wünsche und Fähigkeiten eher die eines Erwachsenen sind, der jedoch keine Verantwortung übertragen bekommt und keine wirklichen Aufgaben hat.

Bei unserer Recherche zu dieser Thematik sind wir über ein Herkunftswörterbuch gestolpert, in dem es auch einen Eintrag über „Teenager" gibt:

In der ersten Hälfte des 20. Jahrhunderts machten wir eine erstaunliche Entdeckung. Es gab Teenager in unserer Mitte! Bis dahin hatten wir die Entwicklung des Menschen immer nur in zwei Phasen eingeteilt: Kind und Erwachse-

ner. Und obwohl die Kindheit auch ihre schönen Momente hatte, sollte das Kind doch so schnell wie möglich erwachsen werden, um die Chancen eines Erwachsenen zu haben und die Verantwortung eines Erwachsenen mitzutragen. Das Mädchen wurde zur Frau, der Junge zum Mann. So einfach war das. ...

Die Reformen im frühen 20. Jahrhundert, durch die Kinderarbeit verboten und höhere Bildung zur Pflicht gemacht wurde, verlängerten die Jahre vor dem Erwachsenenalter. Wer früher mit 13 oder 14 körperlich die Größe eines Erwachsenen erreicht hatte, konnte auch die Arbeit eines Erwachsenen tun. Nun wurden die Leute körperlich zwar immer noch genauso schnell erwachsen, aber die Vorbereitung auf die Verantwortlichkeiten eines Erwachsenen dauerte bis 18 oder länger.

Somit gewannen die Jahre, die mit „-zehn" enden (im Englischen „-teen"), neue Bedeutung. ... Der Teenager hat die Welt neu eingeteilt. Das Konzept untergräbt Autorität: Warum sollte sich ein freier Teenager der Autorität von Erwachsenen unterordnen? Die Entdeckung dieser neuen Sichtweise hat unsere Zeit zum Jahrhundert des Teenagers gemacht.

Denk mal über den letzten Satz nach: Unsere Zeit ist das „Jahrhundert des Teenagers". Stimmt das nicht haargenau? Ganze Industriezweige – Filme, Musik, Mode, Fastfood und zahllose Online-Angebote – richten sich nach den Kaufgewohnheiten von – richtig geraten! – Teenagern.

Bei so viel Geld und Aufmerksamkeit, die den Teens zukommen, wird die Jugendzeit als eine Art Urlaub gesehen. Während dieser Zeit erwartet die Gesellschaft kaum etwas von Jugendlichen – außer Schwierigkeiten. Auf keinen Fall erwartet sie, dass Teenager kompetent, reif und nützlich sein könnten. Am Traurigsten dabei ist, dass die geringen Erwartungen an Jugendliche dazu geführt haben, dass sie tatsächlich schwächer geworden sind und damit im Gegenzug die geringen Erwartungen erfüllen. Da die meisten von uns umgeben von diesen geringen Erwartungen aufgewachsen sind, denken wir gar nicht mehr darüber nach, dass wir sie erfüllen. Wir tun es so, wie wir auch atmen. Und wir merken gar nicht, was uns verloren gegangen ist.

Wie ein Pädagoge es formuliert hat: „Unsere jetzige Decke für Schüler ist da, wo eigentlich der Fußboden sein sollte." Lass das mal sacken. Das Höchste, was unsere Gesellschaft von Teens erwartet, ist viel näher an dem Mindesten dran, was wir erwarten sollten. Hört sich das für dich extrem an? Wir finden es extrem treffend. Und damit meinen wir nicht nur die Schule, sondern jeden Lebensbereich.

Also, wie weit sind die Erwartungen denn nun gesunken?

Unser Bett machen
(und andere Heldentaten)

Neulich haben wir einfach mal die Wörter „Teens" und „Erwartungen" gegoogelt. Das Ergebnis war viel unterhaltsamer, als wir uns hätten träumen lassen.

Die meisten Webbrowser haben ein integriertes Suchfeld für Google. Beim Eintippen der Suchbegriffe werden Suchkombinationen vorgeschlagen, basierend auf den meistgesuchten Begriffen. Das hier sind einige der Vorschläge, als wir „Teens" und „Erwartungen" googeln wollten:

- Teens und Drogen
- Teens und Alkohol
- Teens und Rauchen
- Teens und Trinken
- Teens und Marihuana
- Teens und Handys

Selbst Google hat geringe Erwartungen an Teens! Wir haben also unsere Suche gestartet.

Beim ersten Eintrag ging es um Drogen und Alkoholmissbrauch unter Teens. Dann war da ein Artikel mit der Überschrift: „Die Jugendzeit überleben: Ein Wegweiser für Eltern". Aber richtig ins Auge gesprungen ist uns ein Artikel, der besagte, man solle Teens Verantwortungsbewusstsein lehren, indem man Erwartungen an sie formuliert.

Der Artikel schien vielversprechend, also klickten wir auf den Link: „Wenn Sie Ihrem Teenager nachdrücklich Ihre Erwartungen nennen, schaffen Sie dadurch die Voraussetzung, dass er diese Erwartungen auch erfüllen kann." *Genau das ist es doch,* dachten wir.

Oder auch nicht.

Der Verfasser zählte daraufhin einige Anforderungen an Teens auf, eingeteilt in Altersgruppen. Als erstes kamen Kinder und Teenies zwischen 10 und 14. Da wird von einem erwartet:

- jeden Tag sein Bett zu machen,
- einen Anruf entgegennehmen und die Nachricht weiterleiten zu können,
- einmal die Woche sein Zimmer aufzuräumen (mit Unterstützung von Mama und Papa).

Dann kamen ältere Teens, das heißt ab 15. Nebst dem, was auf der Liste für die jüngeren Teens steht, wird von einem erwartet:

- eine [nur eine] Aufgabe im Haushalt am Tag zu übernehmen, zum Beispiel den Müll nach draußen zu bringen,
- darauf zu achten, dass der Tank beim Auto nicht in den roten Bereich rutscht (in den USA dürfen Teens bereits mit 16 den Führerschein machen),
- einmal die Woche sein Zimmer aufzuräumen (ohne Unterstützung von Mama und Papa).

Der Artikel beinhaltete außerdem einen „ermutigenden Zusatz" für die Eltern, was die Liste betrifft: „Lassen Sie sich nicht unter Druck setzen. Ihr Teenager muss nicht unbedingt jeden Punkt erfüllen."

Na, ein Glück! Wir hatten uns schon Sorgen gemacht.

Der Verfasser meint es sicher gut. Und für einige Teens mag es tatsächlich eine ganze Menge Anstrengung kosten, diese geringen Erwartungen zu erfüllen. Aber überleg doch mal, wie weit die Messlatte gesunken ist. Mit 17 wurde von George erwartet, dass er als Landvermesser ganz allein die Beschwernisse eines Pionierlebens weitab der Zivilisation bewältigte. Und von uns wird erwartet, ein paar Teller auf den Tisch zu stellen?

Mit 12 wurde von David erwartet, ein Schiff samt Kapitän und Crew nach Amerika zurückzubringen. Von uns wird erwartet, die Kissen und Decken auf unserem Bett zu arrangieren. David schaffte es. Hast du es heute Morgen hingekriegt?

Es ist fast der Punkt erreicht, wo weniger von Teenagern erwartet wird als von Kleinkindern. Denk mal darüber nach. Babys können nicht so gut logisch denken und haben wenig Körperbeherrschung. Warum aber haben sie dann eine fast hundertprozentige Erfolgsrate im Bewältigen von schweren Herausforderungen, während Teens bei der kleinsten Hürde ins Stocken kommen? Die Antwort: Von der einen Gruppe wird es erwartet, von der anderen nicht.

45

Warum lernt jedes gesunde Baby Laufen, aber sehr wenige Teenager Tanzen? Von den einen wird es erwartet, von den anderen nicht.

Warum überwindet jedes gesunde Baby Kommunikationsbarrieren, indem es sprechen lernt, während sehr wenige Teenager die Schlucht zwischen sich und den Eltern überwinden, indem sie kommunizieren lernen? Von den einen wird es erwartet, von den anderen nicht.

Im Grunde genommen werden wir alle leicht von geringen Erwartungen beeinflusst. Wenn wir die absoluten Minimalanforderungen erfüllt haben, strengen wir uns nicht mehr an.

Die erstaunlichen Auswirkungen von Erwartungen

Vielleicht hast du den Spruch schon mal gehört: „Ideen haben Konsequenzen". Aber wusstest du auch, dass Erwartungen ebenfalls Konsequenzen haben? Echt!

In den letzten paar Jahrzehnten haben zahlreiche Studien die Auswirkungen von Erwartungen belegt. Wir kennen zwei davon: eine lief an einer staatlichen Schule in San Francisco und eine an einer Bibelschule in Portland im Staat Oregon, unserem Heimatort.

Beide Studien waren in gleicher Weise konzipiert: Den Lehrern wurden zwei Klassen von zufällig ausgewählten Schülern anvertraut. Den Lehrern wurde jedoch gesagt, dass die eine Klasse aus den besten und intelligentesten Schülern der Schule bestünde und die andere aus eher nicht so guten bis mittelmäßigen Schülern. Mit dieser Info begannen die Lehrer ihren Unterricht. Und rate mal, was passierte.

Alles, was der Lehrer mit den Schülern machte, war von seiner Erwartungshaltung geprägt. In der „schlauen" Klasse blieb der Lehrer an einem Schüler dran, bis dieser die richtige Antwort gefunden hatte. Wenn ein Schüler in der „dummen" Klasse dagegen eine Antwort nicht sofort wusste, wandte sich der Lehrer schnell einem anderen Schüler zu. Wenn ein Schüler in der schlauen Klasse mit etwas zu kämpfen hatte, machte der Lehrer daraus keine große Sache, sondern meinte einfach, dass der Schüler eben keinen guten Tag gehabt habe. Aber wenn ein Schüler der anderen Klasse Schwierigkeiten hatte, lag das natürlich an seiner mangelnden Intelligenz. Dabei waren beide Klassen jeweils ganz normal, ein Gemisch aus sehr guten, mittelmäßigen und schlechten Schülern. Der einzige Unterschied bestand in der *Erwartung* des Lehrers. Die Klasse der „Besten und Intelligentesten" wurde immer besser, und die Klasse der „nicht so Guten bis Mittelmäßigen" hinkte immer mehr hinterher.

Mit uns Teens ist es genauso wie mit den Klassen in den Studien. Für uns alle sind Erwartungen wie eine sich selbst erfüllende Prophezeiung. Wie Henry Ford, der Gründer der *Ford*-Werke, gesagt hat: „Ob du nun denkst, dass du es kannst oder nicht kannst – du wirst in jedem Fall recht behalten."

Erwartungen, die sich selbst erfüllen, beeinflussen Teens in fast jedem Bereich – oft geradezu verrückt stark. Man nehme zum Beispiel die Bereiche „Technik" und „Sex". Das sind zwei Bereiche, in denen von Teenagern großes Interesse erwartet wird. Und tatsächlich sind Teenager in beiden Bereichen meist sehr stark involviert und aktiv. Wir erfüllen die Erwartungen, die an uns gestellt werden.

Findest du es nicht auch ironisch, dass viele Teenager zwar jedes nur denkbare Computerspiel oder die neuesten Download-Techniken beherrschen (wir selbst sind da Trendsetter und frühe Mitmacher), aber kein Interesse an Dingen wie persönlicher Finanzplanung, Politik oder Glaubensfragen haben? Es wird nicht erwartet, dass Teenager davon etwas verstehen. Es wird noch nicht einmal von uns erwartet, dass wir eine intelligente Unterhaltung mit einem Erwachsenen hinbekommen.

Irgendetwas stimmt doch nicht, wenn beispielsweise Mädchen fast ausschließlich nach ihrem äußeren Erscheinungsbild beurteilt werden und sexuell immer provokativer werden sollen, aber kaum noch Erwartungen an ihren Charakter und Intellekt gestellt werden.

Wenn wir die Auswirkungen von Erwartungen begreifen, verstehen wir auch, warum sich die Dinge so radikal verändert haben und warum unsere Kultur dem Mythos der Jugendzeit glaubt – ohne sich bewusst zu sein, dass er vielleicht gar nicht der Wahrheit entspricht.

Was die Bibel über Teens zu sagen hat

Vielleicht fragst du dich, was die Bibel über die Pubertät sagt. Die Antwort ist ganz einfach:

Nichts.

Du wirst die Begriffe „Teenager", „Pubertät" oder „Adoleszenz" nirgends in der Bibel finden. Und genauso wenig wirst du irgendwelche Hinweise zu der Zeitspanne zwischen der Kindheit und dem Erwachsenenalter finden. Stattdessen kannst du lesen, was Paulus in 1. Korinther 13,11 geschrieben hat: „Als ich ein Kind war, redete ich wie ein Kind, dachte wie ein Kind und urteilte wie ein Kind. Als ich ein Mann wurde, legte ich ab, was Kind an mir war."

Achte darauf, was er *nicht* gesagt hat. Er hat nicht gesagt: „Als ich ein Kind war, redete ich wie ein Kind, dachte wie ein Kind und urteilte wie ein Kind. Aber dann wurde ich ein Teenager und sah wie ein Erwachsener aus. Ich klang wie ein Erwachsener, aber ich benahm mich immer noch wie ein Kind." Nein! Er sagte: „Als ich ein Mann wurde, legte ich ab, was Kind an mir war."

In einem anderen Brief schreibt Paulus an einen jungen Mann, der gerade zum Pastor ausgebildet wurde: „Niemand soll dich verachten, weil du noch jung bist. Sei allen Glaubenden ein Beispiel mit deinem Reden und Tun, deiner Liebe, deinem Glauben und deiner Reinheit" (1. Timotheus 4,1).

Hier haben wir einen eindeutigen Beweis, dass Gott nicht zwei Maßstäbe hat: einen für junge Erwachsene und einen für Erwachsene. An beide hat er hohe Erwartungen. Wo andere jungen Erwachsenen wenig Achtung entgegenbringen oder sogar Ausreden für sie haben, ruft Gott uns auf, Vorbilder zu sein. Wo unsere Kultur wenig erwartet, erwartet Gott Großes.

Also, wessen Erwartungen erfüllen wir? In der Bibel steht: „Passt euch nicht den Maßstäben dieser Welt an" (Römer 12,2). Wenn kulturelle Erwartungen zu unserem Maßstab werden, lassen wir uns auch in deren Schublade zwängen. Dann bleibt wenig Raum für Besonderes. Und somit wenig Raum für einen Charakter, der Jesus ähnlich ist.

Wie wir in diesem Kapitel gesehen haben – und wie du bestimmt auch aus persönlicher Erfahrung weißt –, sagt uns unsere Gesellschaft, wie wir uns zu verhalten, zu denken, auszusehen und zu reden haben. Sie sagt uns, was wir anziehen sollen, was wir kaufen sollen und *wo* wir es kaufen sollen. Sie diktiert uns unsere Träume, Werte und Lebensziele – und das ist nicht Jesus Christus. Um eine alte Pepsi-Werbung aus den 1990ern zu zitieren: *„Be young. Have fun. Drink Pepsi."* Nike sagt uns: *„Just do it."* Sprite sagt uns: *„Hör auf deinen Durst."* Und wer hat nicht schon den Witz gehört, dass 92 Prozent aller Teens tot umfallen würden, wenn irgendein Trendsetter den Einfall hätte, Atmen sei uncool?

Wenn wir mit hohen Erwartungen konfrontiert werden, strecken wir uns oft nach oben, um sie zu erfüllen. Bei niedrigen Erwartungen lassen wir uns häufig zusammensacken, um sie zu erfüllen. Und das, obwohl es eigentlich genau das Gegenteil von dem ist, was wir laut 1. Korinther 14,20 machen sollen: „Brüder und Schwestern, seid nicht Kinder dem Verstand nach! In der Schlechtigkeit sollt ihr wie kleine Kinder sein, aber im Denken müsst ihr erwachsen sein." Unsere Gesellschaft sagt: „Seid erwachsen in der Schlechtigkeit, aber im Denken und Verhalten seid wie Kinder."

Natürlich kann ein gewisser Reiz darin bestehen, Verbotenes zu tun – oder ungestraft davonzukommen, obwohl wir uns nicht richtig angestrengt haben. Wir reden uns dann gern heraus. Es ist ja schließlich normal, dass sich Teens so benehmen, heißt es: „Na ja, ich bin aber längst nicht so schlimm wie andere, die ich kenne." Wir lassen uns von der Menge mitziehen. Wir tun nur das, was uns leicht von der Hand geht. Wir packen auf jeden Fall keine unangenehmen, schwierigen oder schmerzhaften Dinge an.

Was sind die Konsequenzen? Wir verschwenden einige der besten Jahre unseres Lebens und erreichen nie unser eigentliches Potenzial. Wir tun nie etwas, was uns streckt, stärkt und wachsen lässt. Und so sind wir schwach und unvorbereitet – unvorbereitet auf die großartige Zukunft, die wir hätten haben können. Uns gefällt die Freiheit und Bequemlichkeit, die wir aufgrund der geringen Erwartungen haben, aber in Wirklichkeit werden wir dadurch des vollen Lebens beraubt.

Die Geschichten in diesem Buch werden dir zeigen, dass die meisten von uns *eigentlich* unsere Jugendzeit nicht verschwenden wollen. Und Gott will das auch nicht.

Die Schnur zerreißen

Weißt du noch, wie der Elefant in Indien von nichts weiter als einer dünnen Schnur und einem kleinen Pflock festgehalten wird? Warum befreit er sich nicht einfach? Die nötige Kraft dazu hat er doch. Warum benutzt er sie dann nicht?

Um sein Bein liegt nichts weiter als eine Schnur, aber in seinem Kopf liegen schwere Ketten.

Durch dieses Buch wollen wir zeigen, dass wir – Alex und Brett, du und Teenager überall – wie dieser Elefant sind. Wir haben nachweislich jede Menge Kraft, von Gott gegebenes Potenzial und die Fähigkeit, Schweres und Wichtiges anzupacken, aber wir werden von einer Lüge gefangen gehalten. Wir wurden darauf konditioniert, das Falsche zu glauben und immer gleich aufzuhören, wenn die Dinge schwierig werden. Dadurch verpassen wir die unglaublichen Erfahrungen, die unsere Jugendzeit uns bieten kann.

In den folgenden Kapiteln möchten wir dir zeigen, dass du tief im Innern Schwieriges anpacken willst. Du bist dazu gemacht, etwas zu bewegen. Und vor allem: Du *kannst* Schwieriges anpacken. Dadurch wirst du ganz neue Möglichkeiten entdecken, wie du deine Jugendzeit und den Rest deines Lebens gestalten kannst. Die Bibel und die gesamte Geschichte zeigen, dass wir viel leistungsfähiger sind, als wir denken. Unsere Welt versucht dich gefangen zu nehmen, indem sie eine lächerliche kleine Schnur um deinen Knöchel bindet. Wir möchten dir helfen, sie zu zerreißen.

Das ist unsere Idee von *Rebelution*: die Ketten der Lügen und geringen Erwartungen abzuwerfen und unsere Generation zu einem neuen-alten, richtig aufregenden Verständnis der Jugendzeit zurückzubringen – und sie nicht als Urlaub von der Verantwortung, sondern als Sprungbrett für dein restliches Leben zu betrachten.

Wie genau stellen wir uns das vor? Darum geht's jetzt in Kapitel 4.

So ist es besser

Die Jugendzeit als Sprungbrett fürs Leben zurückerobern

Raymond ist 18 und lebt in Baltimore. Seine Eltern haben sich scheiden lassen, als er 14 war, und er hat mit allem Unguten zu tun, was man sich vorstellen kann: Rauchen, Trinken, Drogen – er dealt sogar. Er schmarotzt sich bei verschiedenen Leuten durch, bricht immer wieder Beziehungen ab und hält selbst den simpelsten Job nicht lange durch.

Ihm gefällt es selbst nicht, wie er sich entwickelt hat. „Als ich auf die Highschool kam, dachte ich: ‚Cool, jetzt wird Party gemacht. Dazu ist die Highschool doch da – zum Party machen.' Jetzt aber", sagt er, „jetzt wünschte ich, ich hätte das anders gesehen."

Raymond hat sich fest vorgenommen, nicht ewig an den Drogen zu hängen. Er will davon loskommen, seinen Highschool-Abschluss nachmachen und sein Leben wieder in richtige Bahnen lenken. Er träumt davon, eines Tages ein Autohaus zu besitzen und BMWs zu verkaufen. Um seinen Traum am Leben zu halten, hat er eine Zeitschrift über Luxusautos abonniert. Er hat auch vor, wieder öfter zur Kirche zu gehen, wenn er älter ist.

„Ich denke mehrmals in der Woche an meine Zukunft", sagt er. „Was will ich aus meinem Leben machen? Will ich mein ganzes Leben lang rumsitzen und kiffen?" Er sagt Nein.

Warum ändert er also nicht gleich etwas?

„Weiß nicht", antwortet Raymond vage. „Ich hab da schon drüber nachgedacht, aber ich finde, diesen Sommer sollte ich noch mal richtig abfeiern, weil ich jetzt 18 bin und nicht mehr zu Hause wohne. Da kann ich nachts so lange wegbleiben, wie ich will. Ich will noch 'nen Party-Sommer machen. Einfach Spaß haben. Danach wird's dann ernst. Dann hör ich mit den Drogen auf und bringe alles in Ordnung."

So, so.

„Aber die Zukunft soll nicht zu schnell kommen", fügt er hinzu. „Ich will echt auch noch das Leben genießen und Spaß haben."

Ein Stück von Raymond steckt wohl in jedem von uns. Kannst du ihn in dir oder in einem deiner Freunde sehen? Seine Sicht der Dinge spiegelt die Denkart so vieler in unserer Generation wieder. Wie viele andere Teens denkt er, dass er alle Zeit der Welt hat. Irgendwann in der Zukunft wird er den Saustall aufräumen, erwachsen werden und mit seinem Leben loslegen, als wäre nichts passiert.

Aber wird das so kommen? Kann man das wirklich einfach so per Knopfdruck machen? Oder wartet auf Raymond ein böses Erwachen? Wird er einer der Typen sein, die *denken*, dass sie ihr Leben so leben, wie sie wollen, und zu spät merken, dass sie ihre Jugend verschwendet und ihre Zukunft aufs Spiel gesetzt haben?

In diesem Kapitel wollen wir uns eine ganze Reihe von Leuten anschauen, die wie Raymond sind. Wir werden ihnen sogar Namen geben und dir zeigen, welch Riesengelegenheiten sie verpasst haben. Aber sei gewarnt: Wir werden Worte benutzen, die Raymond wahrscheinlich nicht gefallen würden.

Fehlstart

Als wir klein waren, hatten wir Schwimmunterricht. Aber da wir im regnerischen Nordwesten der Vereinigten Staaten aufwuchsen, sind wir nicht viel geschwommen. Anders gesagt: Erwarte von uns keine eleganten Kraulzüge oder gewagte Saltos vom Sprungbrett. Die wird's nie geben.

Eine Sache haben wir jedoch gelernt, und zwar dass es bei Sprungbrettern eine bestimmte Stelle gibt, von der man am besten abspringt. Dann saust man in die Luft und fliegt im perfekten Bogen ins Becken. Hofft man zumindest. Klar, wenn man die Stelle verfehlt, funktioniert das Ganze nicht so toll. In dem Fall fährt ein Ruck durch deinen Körper, das Brett gibt einen dumpfen Ton von sich und du klatschst unsanft ins Wasser. Vielleicht machst du sogar einen Bauchplatscher – *garantiert* passiert das, wenn dir gerade jemand zuschaut.

Aber zurück zum großen Ganzen. Weißt du schon, was wir hier sagen wollen?

Das Schwimmbecken ist deine Zukunft. Das Sprungbrett ist deine Gegenwart. Der Mythos der Jugendzeit möchte dich glauben lassen, dass du momentan einfach ordentlich am Beckenrand abfeiern solltest. Dabei stehst du in Wirklichkeit bereits auf dem Sprungbrett.

Das Sprungbrett ist dazu da, uns mit Kraft und Zielgenauigkeit in die Zukunft zu katapultieren. Entweder schaffen wir einen erfolgreichen Sprung ins Erwachsenenleben, oder wir machen so etwas wie einen Bauchklatscher. Fehlstart.

In seinem Buch *Thoughts for Young Men* schreibt J. C. Ryle: „Die Jugend ist die Saatzeit für das Erwachsensein, die Zeit der Formierung in der kurzen Spanne des menschlichen Lebens, der Wendepunkt in der menschlichen Geistesentwicklung."

Das heißt, was später im Leben aus uns wird, hängt hauptsächlich davon ab, was wir jetzt aus uns machen. Nehmen wir das ernst?

In 1. Korinther 9,24–25 schreibt Paulus: „Alle, die an einem Wettkampf teilnehmen wollen, nehmen harte Einschränkungen auf sich. Sie tun es für einen Siegeskranz, der vergeht. Aber auf uns wartet ein Siegeskranz, der unvergänglich ist."

Wir sind davon überzeugt, dass Gott uns die Teenager-Jahre als Haupttrainingszeit gegeben hat. Wir können uns gut vorstellen, was Raymond dazu sagen würde: „Harte Einschränkungen? Ihr macht wohl Witze!" Aber klapp das Buch nicht gleich zu!

In Sprüche 20,29 steht: „Junge Männer können stolz sein auf ihre Kraft." Ist das bei dir angekommen? In dieser Zeit sind wir in der glücklichen Lage, uns zu entscheiden, was aus uns werden soll. Unsere Kraft – unverbrauchte Köpfe, energiegeladene Körper und eine flexible Planung – ist unser größtes Potenzial. So viel Power, Zeit und Freiheit werden wir wahrscheinlich nie wieder im Leben haben. Wenn wir unsere Jugendzeit für ein hartes Training nutzen, stellen wir die richtigen Gleise, entwickeln Charakter und kommen in Fahrt, um auf eine großartige Zukunft zuzusteuern.

Was passiert aber, wenn wir unsere Jugendzeit nicht für ein hartes Training nutzen? Wie sieht eine Bauchlandung im wirklichen Leben aus? Leider kann man das leicht herausfinden.

Das Kommen der *Kidults*

2005 gab es in der *Time* einen Artikel über „Kidults", ein englisches Kunstwort, das Kind und „Adult" (Erwachsener) miteinander verbindet. Es bezieht sich auf die Generation bis Ende 20 und darüber hinaus, die ganz klar beweist, dass die moderne Vorstellung von der Jugendzeit kulturell bedingt ist und kein biologisches Stadium darstellt. Sie ist mit dem Highschool-Abschluss nicht automatisch vorbei, und auch nicht, wenn man 21 wird.

„Jeder kennt ein paar solcher Leute", hieß es in dem Artikel. „Ausgewachsene Männer und Frauen, die immer noch bei ihren Eltern wohnen, die sich anziehen und reden und feiern, wie sie es als Teenager taten; die von einem Job und einem Date zum nächsten hüpfen; die sich amüsieren, aber nicht vorankommen."

Kidults haben meist kein klares Ziel in ihrem Leben und verspüren auch keine Eile. „Nach dem Gesetz sind sie erwachsen, aber sie stehen auf der Türschwelle zum Erwachsensein und treten nicht darüber", sagt Terri Apter, Psychologe an der Universität Cambridge. Mit anderen Worten: Sie stehen an der Kante des Sprungbretts, springen jedoch nicht.

Und das ist nicht nur in Amerika der Fall. Auf der ganzen Welt haben sich Namen für solche „ewigen Kinder" gebildet. In England heißen sie „Kipper", in Deutschland „Nesthocker", in Frankreich „Mammones" und in Japan „Freeter".

„Das ist nicht einfach nur ein Trend, eine vorübergehende Modeerscheinung oder ein kleiner Generationsknick", warnt der Artikel. „Das Phänomen greift viel weiter; es ist anders geartet."

Aber das sollte uns nicht überraschen, denn eigentlich sind *Kidults* die logische Konsequenz des Mythos der Jugendzeit. Durch ihn sehen Teens das Erwachsenendasein als Spaßbremse und nicht als Erfüllung der Jugendzeit.

Wenn einem beigebracht wird, Verantwortung zu meiden, bekommt man die Kurve zum Erwachsensein nicht. Bestenfalls bleiben wir dadurch an der Kante des Sprungbretts hängen. Im schlechtesten Fall landen wir kopfüber im kalten Wasser – nicht vorbereitet auf die Herausforderungen des Lebens.

Im Juli 2007 bekamen wir die folgende E-Mail. Sie steht für viele Gespräche, die wir mit Leuten in den 20ern und sogar 30ern geführt haben.

Für mich bedeutete Spaß: zu viel Lesen zum reinen Vergnügen, zu viel Videogames spielen und einfach zu viel mein eigenes Ding machen. Bis zum heutigen Tag habe ich nie einen richtigen Job gehabt, und ich wohne immer noch zu Hause. Mein Mangel an „Lebenskompetenz" hat sich sehr negativ auf eine Beziehung ausgewirkt, die mir sehr wichtig war.

Als Teenager schien 26 ewig weit weg zu sein, aber meine schlechten Entscheidungen damals (nämlich nichts zu tun) bestimmen mein Leben heute auf gravierende Weise.

Ich bin ein Beispiel dafür, wie geringe Erwartungen und der Einfluss der Spaßgesellschaft ein Leben verpfuschen können, und ich bin ein lebendiger Beweis (wie viele andere auch, die wie ich sind – immer noch zu Hause leben, sehr wenig tun, aber große Träume haben), dass man die Jugendzeit lange über die Teenager-Jahre hinausstrecken kann.

Kidults sind ein trauriges Beispiel dafür, wie sich der Mythos der Jugendzeit auswirkt. Und die Folgen davon beschränken sich nicht auf ein paar Jahre. Als wir Raymonds Geschichte bei einer Konferenz in Indianapolis erzählten, kam im Anschluss ein Mann auf uns zu, der schätzungsweise Mitte bis Ende 40 war. Mit Tränen in den Augen sagte er: „Ich bin wie Raymond. Eure Geschichte trifft auf mich genau zu."

Er erzählte, dass er als Teenager gut in der Schule gewesen war. Seine Highschool war in drei Leistungsstufen eingeteilt, und er war immer in der höchsten Stufe. Da es in der Schule so gut lief, fand er, dass er es sich leisten könnte, Party zu machen und Drogen auszuprobieren. Seitdem sind über 20 Jahre vergangen und er hat *immer noch* mit den Auswirkungen zu kämpfen.

„Ich dachte, die Jugendzeit wäre zum feiern da", sagte er. „Und ich bezahle immer noch den Preis dafür. Ich möchte nicht, dass andere denselben Fehler machen."

Glücklicherweise müssen wir das auch nicht. Wie wir im letzten Kapitel gesehen haben, ist das, was heute als „normal" gilt, eigentlich eine traurige Ausnahme – ein Mythos. Man hat die Jugend *nicht* immer schon für eine Art Leerlaufzeit gehalten, und Teens wurden nicht schon immer wegen geringer Erwartungen quasi am Leben gehindert. Und es gibt Hoffnung, selbst für *Kidults*. Dem Mann in Indianapolis haben wir gesagt, dass es nie zu spät ist, etwas zu bewegen.

William Wilberforce, einer der größten *Rebelutionäre*, die es je gegeben hat, verschwendete die ersten 21 Jahre seines Lebens mit Partys und allen möglichen Zerstreuungen. Trotzdem wurde er zur treibenden Kraft bei der Abschaffung der Sklaverei und der Sklavenemanzipation im britischen Weltreich.

Wie er das bewerkstelligt hat? Zunächst mal ließ er Gott seine inneren Mauern durchbrechen und sein Herz verändern. Das war nicht angenehm, weil er mit starken Reuegefühlen zu kämpfen hatte. Er beklagte die „ziellose Faulheit" seiner Vergangenheit und dass er die wertvollsten Jahre des Lebens verschwendet und Gelegenheiten verpasst hatte, die nie wieder kommen würden. Sehr schnell jedoch entschied sich Wilberforce, nach vorn zu schauen und etwas Schwieriges anzupacken. Er konnte die Ungerechtigkeit und Unmenschlichkeit der Sklaverei einfach nicht mehr ertragen und nahm den Kampf dagegen auf. Mehr als 40 Jahre lang versuchte er das Parlament von seinen Erkenntnissen und Ansichten zu überzeugen und erlebte nach vielen Rückschlägen und Problemen schließlich kurz vor seinem Tod, dass die Sklaverei abgeschafft wurde.

Das ist eine der guten Nachrichten des Evangeliums. Leuten, die ihre Vergangenheit verschwendet haben, bietet Gott Gnade und Hoffnung an. Aber ist es nicht viel besser, schon von vornherein nicht das zu verschwenden, was Wilberforce zu recht „die wertvollsten Jahre des Lebens" genannt hat?

Der Geniestreich des Schwierigen

Erinnerst du dich noch an George, David und Clara vom letzten Kapitel? Wir haben den 17-jährigen George als offiziellen Landvermesser von Culpeper County zurückgelassen. Der 12-jährige David hatte die Verantwortung für ein wertvolles Schiff und hielt mit ruhiger Hand einen widerspenstigen Kapitän unter Kontrolle. Mit 17 pflegte Clara Patienten, die von Pocken befallen waren, und bildete eine ganze Klasse von Krankenschwestern aus. Alle drei nutzten ihre Jugendzeit definitiv als Training und Sprungbrett. Was wurde später daraus?

Nach drei Jahren als Landvermesser ernannte der Gouverneur George zum Major – einem hohen Rang – der Staatsmiliz. Als dann die Nachricht kam, dass die Franzosen in Ohio eingefallen waren, bekam George den Befehl, mitten im Winter einen Feldzug über mehrere hundert Kilometer zu leiten, um die Stärke der Franzosen zu testen und sie zum Rückzug zu bewegen – was er auch schaffte.

Mit 22 stieg George zum Oberstleutnant und mit 23 zum Oberbefehlshaber der gesamten Miliz von Virginia auf. Vielleicht hast du auch schon mal davon gehört, was er später im Leben gemacht hat. 20 Jahre später war er der Oberbefehlshaber der *Continental Army* im amerikanischen Unabhängigkeitskrieg und wurde schließlich zum ersten Präsidenten der Vereinigten Staaten gewählt – George Washington.

Davids voller Name war David Farragut, der allererste Admiral der US-Marine und ein Kriegsheld im amerikanischen Bürgerkrieg. Der Mut, den er unter schwerem Beschuss im Gefecht in der Mobile Bay bewies, brachte ihm großen Ruhm. Aber das war keinesfalls seine erste Heldentat. Seit seiner Kindheit, als er Kadett auf der „Essex" war, hatte er sich auf diesen Moment vorbereitet.

Clara ist am besten als Gründerin des Amerikanischen Roten Kreuzes bekannt – Clara Barton. Ihr Wunsch, anderen zu helfen, erwachte mit 11 Jahren, als sie ihren Bruder David pflegte. Das weitete sich dann auf die Kranken in ihrem Dorf aus, bis hin zu Tausenden von Verletzten im Bürgerkrieg und schließlich Millionen durch das Amerikanische Rote Kreuz.

Es gibt einen Grund, warum wir die Namen und Geschichten von Männern und Frauen wie George Washington, David Farragut und Clara Barton kennen: Sie nutzten ihre Jugendzeit und wurden deshalb später zu Menschen, die ihre ganze Generation (und darüber hinaus) beeinflussten.

Dich hat es wahrscheinlich nicht überrascht, was aus George, David und Clara geworden ist. Und zwar deshalb nicht, weil wir alle wissen, dass die Jugend keine mystische und vom Rest unseres Lebens abgekoppelte Leerlaufzeit ist. Wohl oder übel katapultiert sie uns in die Zukunft – *unsere* Zukunft.

Die Geschichten von George, David und Clara lassen uns erkennen, dass jeder von ihnen einen Genie-

64

streich vollbrachte, als er in seiner Jugendzeit Verantwortung und Herausforderungen annahm. Warum ein Geniestreich? Weil sie dadurch, dass sie als Teens Schwieriges angepackt haben, auf ein unglaublich einflussreiches Leben vorbereitet waren – ein Leben, in dem es noch mehr Schwieriges gab, das sie sonst nicht oder nicht so gut hingekriegt hätten.

Wir müssen uns selbst gegenüber ehrlich sein. So, wie wir momentan unsere Zeit verbringen – bereitet uns das auf das vor, was wir in der Zukunft werden wollen. Tun wir jetzt Dinge, die uns für die größeren Dinge ausrüsten, die Gott für uns in petto hat? Das sind die wirklich grundlegenden Fragen für diesen Augenblick.

Ein Historiker sagte einmal, dass George Washington „der Mann wurde, auf den er hingearbeitet hatte". Das trifft nicht nur auf Washington zu, sondern auch auf uns. Jeder von uns wird zu dem Mann oder der Frau, auf die wir hinarbeiten (oder *nicht* hinarbeiten).

George, David und Clara haben den Ratschlag des Alten Testaments in die Tat umgesetzt: „Für jeden Menschen ist es gut, wenn er schon früh gelernt hat, Last zu tragen" (Klagelieder 3,27). Als Jugendliche gewöhnten sie sich an, Hürden zu überwinden und aus ihrer Wohlfühlzone auszubrechen, und bildeten dadurch die Zielstrebigkeit und den Charakter aus, der sie für den Rest ihres Lebens vorantrieb. Wiederum sollte uns das nicht überraschen. Mühe lohnt sich eben. Das ist das Gute daran, Schwieriges anzupacken.

Fünfmal schwierig

Was ist denn nun dieses „Schwierige", von dem wir dauernd reden?

Die folgenden fünf Kategorien sollen dir einen Eindruck verschaffen. Die angeführten Dinge sind nicht geheimnisvoll oder speziell. Auch gelten sie nicht nur für Teens. Es sind große Chancen, die von göttlichen Prinzipien untermauert sind und bei jedem funktionieren. Wenn wir diese Chancen nutzen, hat das gewaltige Auswirkungen – jetzt und in der Zukunft. Dabei sind die Beispiele, die wir in jeder Kategorie aufzählen, wirklich nur Beispiele. Sie zeigen nicht vollständig, was es alles an Schwierigem gibt, sondern geben dir einen Einblick in die unglaubliche Vielzahl von Herausforderungen, die du als Übungsfeld fürs Leben betrachten kannst.

Also, los geht's. Hier haben wir „fünfmal schwierig":

1. **Dinge, die dich aus deiner Wohlfühlzone holen.** Also alles, was dich etwas uncool werden lässt. Dazu könnte beispielsweise gehören, vor vielen Leuten zu sprechen, sich eine neue Fähigkeit anzueignen oder eine bereits vorhandene zu verbessern, an fremde Orte zu reisen oder neue Leute kennenzulernen – alles, was dich aus dem täglichen Trott herausholt und dich Überwindung kostet. Solche Aktivitäten können uns herausfordern, weil sie ungewohnt

oder sogar beängstigend sind. Aber meist werden daraus unsere besten Erinnerungen. Auf jeden Fall erweitern sie für die Zukunft den Bereich, in dem wir uns sicher fühlen.

2. **Dinge, die über das hinausgehen, was von dir erwartet wird.** Nehmen wir zum Beispiel mal an, dass du in einem Schulfach eine 3 brauchst, um weiterzukommen; du strebst aber eine 1+ an. Dir genügt es nicht, einfach keinen Schaden anzurichten; du willst etwas richtig Gutes auf die Beine stellen. Vielleicht meldest du dich freiwillig, um in der Gemeinde nach einem Essen sauberzumachen, machst unbezahlte Überstunden bei deinem Job, um einem Freund zu helfen, oder übernimmst Aufgaben im Haushalt, die du gar nicht tun musst. Das sind schwierige Dinge, weil sie vollkommen von unserer eigenen Initiative abhängen. Niemand zwingt uns dazu. Deswegen sind das auch die Leistungen, bei denen wir uns am besten fühlen.

3. **Dinge, die du nicht allein machen kannst.** Hast du schon mal überlegt, ein Konzert zu veranstalten, einen Film zu drehen, eine Tafel für Obdachlose zu starten oder eine Band zu gründen? Das ist alles möglich; allerdings brauchst du dabei Hilfe. Wenn es etwas gibt, was dir auffällt, dich stört und dir keine Ruhe lässt, kann es sein, dass Gott dir da einen Auftrag ans Herz gelegt hat. Dann musst du dir nur noch ein paar Gleichgesinnte suchen bzw. einige andere für deine Ideen begeistern, und dann kann es losgehen!

4. **Dinge, die sich nicht sofort rentieren.** Dazu gehört zum Beispiel so etwas wie endloses Trainieren einer Sportart oder Üben eines Instruments, Hausaufgaben oder Respekt deinen Eltern gegenüber. Solche Dinge sind schwierig, weil du nicht sofort große Ergebnisse siehst. Es kann sogar so aussehen, als wärst du glücklicher, wenn du diese Dinge *nicht* tun würdest. Außerdem sind das meist Sachen, die niemand sieht und die dir deswegen keine Anerkennung bringen – zum Beispiel dir gute Lerngewohnheiten anzueignen oder dich ans Tempolimit zu halten (selbst wenn du zu spät dran bist). Wir tun diese Dinge, weil sie richtig sind, nicht weil sie sich sofort auszahlen. Auf lange Sicht helfen sie uns aber, auch wenn sie im Moment schwierig oder unangenehm sind.

5. **Dinge, die sich von dem abheben, was alle tun.** Solche Entscheidungen wenden sich gegen den Strom: zum Beispiel einfach das anzuziehen, was dir gefällt, statt irgendeiner Marke, die gerade angesagt ist; keine dämlichen Serien zu gucken und vielleicht nicht mitreden zu können; offen zu seinem Glauben an Gott zu stehen. Solche Dinge sind schwierig, weil du dich damit vielleicht unbeliebt machst. In einigen Ländern hätte einiges davon sogar lebensbedrohliche Folgen. Um Schwieriges dieser Kategorie zu schaffen, muss uns mehr daran liegen, Gott zu gefallen als unseren Mitmenschen. Aber es lohnt sich!

Im nächsten Kapitel fangen wir an, die einzelnen Kategorien näher zu beleuchten. Wir werden dir typische Hürden vorstellen, die du überwinden musst, bevor du das Schwierige schaffen kannst. Und wir werden dir zeigen, wie Teens auf der ganzen Welt krasse und spannende Sachen für Gott bewegen – und hinbekommen.

Du wirst ein 15-jähriges Mädchen kennenlernen, das eine Idee hatte, wodurch ein Online-Projekt zustande gekommen ist, das Tausende von Menschen auf der Welt beeinflusst; einen 15-jährigen Jungen, der zusammen mit vier Freunden mehr als 20.000 Dollar gesammelt hat, um Kinder in Afrika mit sauberem Wasser zu versorgen; eine 19-Jährige, die eine Band leitet, die schon für den *Grammy* nominiert worden ist; sowie zahlreiche andere Teens, die ein „rebelutionäres" Leben zu Hause, in der Schule und in der Gemeinde führen. Diese Jugendlichen rebellieren gegen niedrige Erwartungen, indem sie auf kreative, verantwortliche und höchst effektive Weise das Beste aus ihrer Jugendzeit machen.

Beim Lesen dieser fünf Kategorien sind dir wahrscheinlich ein paar schwierige Dinge eingefallen, die du bereits getan hast. Wenn ja, dann denk noch mal nach: Sind das Dinge, mit denen du dich mal wieder befassen könntest? Wenn ja, häng dich da rein. Das sind nämlich einzigartige Herausforderungen, die Gott für dich vorbereitet hat, weil du dazu bestimmt bist, diese Dinge zu tun. Lebe nicht das leichteste Leben, sondern das beste Leben, das Gott für dich im Sinn hat.

Fünf einfache, aber explosive Entscheidungen können das möglich machen. Darum geht es als Nächstes.

Teil 20

Fünfmal schwierig

Der schreckliche erste Schritt

Schwieriges anpacken, um aus der Kuschelecke rauszukommen

Dürfen wir dir einen Bekannten von uns vorstellen? Er heißt Tyler. Tyler hatte darüber nachgedacht, ob er seinen Schulabschluss früher als normal machen könnte, war sich aber nicht sicher, ob er das schaffen würde. Also ließ er es lieber sein. Nach der Highschool hatte er mehrere Geschäftsideen, aber er wollte seine Ersparnisse nicht aufs Spiel setzen, falls aus den Ideen nichts würde. Also beschloss er, es doch lieber nicht zu tun. Er überlegte, ob er Ökologie studieren sollte, befürchtete aber, dass er es sich mitten im Studium anders überlegen würde. Also blieb er zu Hause.

Inzwischen ist Tyler 21 Jahre alt und hat noch bei nichts versagt – weil er auch noch nichts *getan* hat. Er hat eine Gelegenheit nach der anderen verpasst, bei der er stärker geworden und gewachsen wäre, bei der er Neues entdeckt und seinen Horizont erweitert hätte.

Das Leben steckt voller Dinge, die uns Angst ein-jagen. Der erste Tag an der neuen Schule. Die erste mündliche Prüfung. Die Hochzeit. Es gibt Tage, die stellen wichtige Übergänge im Leben dar. Vor dem Tag war man eine bestimmte Person. Nach dem Tag ist man jemand anders.

Aber Tyler hat sein Leben lang solche ersten Schritte vermieden. Das Ergebnis? Er ist im Grunde die gleiche Person, die er immer schon gewesen ist.

In diesem Kapitel geht es um schwierige Schritte, die dich vom „Vorher" zum „Nachher" bringen. Be-sonders geht es um den Schritt, der wichtige neue Dinge überhaupt erst möglich macht – der dich aus der relativen Sicherheit deiner Wohlfühlzone holt, hi-naus auf unsicheren Boden. Allein der Gedanke an solch einen Schritt erfüllt uns mit Sorgen. Wir fühlen uns wie gelähmt. Wir stellen uns vor, was alles schief-gehen könnte. Aber wenn wir den Schritt trotzdem wagen, haben wir hinterher etwas zu feiern.

Wir sind diesen Schritt vor etwas mehr als zwei Jah-ren gegangen. Die alte Routine haben wir hinter uns gelassen. Und jetzt sind wir wegen dieser Erfahrun-gen andere Leute; wir wurden auf eine Weise verän-dert, die Tyler leider nie erlebt hat.

Schwieriges anzupacken, das dich aus deiner ge-mütlichen Kuschelecke reißt, ist die erste auf unserer Liste von fünf schwierigen Sachen, die eine *Rebelution* in deinem Leben auslösen können, weil – so abgegrif-fen das auch klingen mag – der erste Schritt tatsächlich oft der Schwierigste ist. Es ist aber auch so, dass dieser schreckliche erste Schritt für all die anderen schwierigen Sachen, über die wir später reden werden, absolut unumgänglich ist.

In unserer Familie schwelgen wir gerne in Erinnerungen (und lachen uns immer wieder kaputt) an einen Riesenschritt, den Brett vor gut 10 Jahren gemacht hat. Er hat gekämpft, mit den Armen gerudert und ist fast ertrunken. Aber er soll selbst erzählen.

Ich weiß noch genau, wie ich das erste Mal duschte. Es war schrecklich. Damals war ich acht Jahre alt ...

Eigentlich wollte ich gar nicht vom Nachwuchs-Baden-den zum Dusch-Obergefreiten aufsteigen, aber eines Tages bemerkten meine Eltern: „Er ist acht. Und er badet immer noch!" Dabei kannte ich doch nichts anderes als Baden. Baden, das lief immer so schön am Schnürchen. Da sprudelte das Wasser im sicheren Abstand weit unterhalb meines Kopfes in die Wanne. Und wenn ich nicht zu viel planschte, blieb es auch dort, ohne mir in die Augen zu kommen.

Die Tatsache, dass Alex liebend gern duschte, half nicht unbedingt.

Bevor ich am besagten Tag protestieren konnte, war ich nur noch mit meinem Adamskostüm bekleidet und starrte zu dem bedrohlichen Duschkopf hinauf. Er schien auf mich zu zielen wie die Pistole eines Henkers. Dann betätigte Papa den Hahn, die Dusche begann zu rumoren und zu zischen, und ich schrie schon wie am Spieß los, noch ehe der erste Tropfen Wasser sein Ziel erreichte.

Als brühheiße Tropfen meine Haut reizten und mir Wasser in Augen, Nase und Ohren lief, war ich überzeugt davon, dass mich meine Eltern hassten. Die konnten mich unmöglich lieben, wenn sie mir so etwas antaten! Und vor allem war ich mir nicht sicher, ob ich sie noch liebte.

Glücklicherweise lebten wir auf dem Land. Sonst hätten die Nachbarn wegen der Schreie, die aus dem Badezimmer kamen, wahrscheinlich die Polizei gerufen. Als Papa mich endlich herausließ, war ich ein wütender, jämmerlicher Achtjähriger mit einer halb unter Wasser stehenden Lunge.

Das ist 10 Jahre her. Komischerweise habe ich heute Morgen geduscht und mir gar keinen großen Kopf darum gemacht. Das heiße Wasser auf meinem Gesicht fühlte sich gut an. Ich hatte keine Angst, dass ich ertrinken könnte. Ich habe keinen gehasst.

Ist es nicht unglaublich, dass dieselbe Sache, die mir als Achtjähriger so unmöglich erschien, jetzt ein völlig normaler, angenehmer Teil meines täglichen Lebens ist?

Wir alle haben schon unsere „erste Dusche" erlebt

Die Geschichte von der ersten Dusche ist wahr. Sie ist albern, aber sie veranschaulicht einen wichtigen Punkt: Kannst du dich in deinem eigenen Leben an etwas erinnern, das dir zuerst völlig unmöglich vorkam? Vielleicht war es etwas ganz Simples wie Schuhe binden oder Fahrradfahren ohne Stützräder. Vielleicht war es Lesenlernen oder das Lösen der Matheaufgaben in der zweiten Klasse. Damals war jedes dieser Dinge ein großer Schritt. Heute kitzeln dieselben Tätigkeiten natürlich kaum noch ein Gähnen aus dir heraus.

So belanglos diese Erfolge auch im Rückblick scheinen mögen, beweisen sie etwas ganz Wichtiges: Wenn wir einen Schritt machen, auch wenn wir uns dabei unwohl, ängstlich oder unzulänglich fühlen, erweitert sich unser Aktionsradius. Das, was wir für uns als normal ansehen, verändert sich, manchmal radikal.

Nehmen wir zum Beispiel Jared. Er wagte den Schritt, für den Lobpreisleiter seiner Jugendgruppe einzuspringen, als der verhindert war – obwohl Jared erst seit ein paar Monaten Gitarre spielte. Ein Jahr später leitete er den Lobpreis der gesamten Gemeinde, und seine Band plante ihr erstes Album. „Dieser kleine Schritt hat mich auf einen ganz anderen Kurs gebracht", sagt Jared. „Dadurch haben sich mir ganz ungeahnte Türen geöffnet, und jetzt mache ich Sachen, die ich nie für möglich gehalten hätte."

Merkwürdig ist, dass wir zwar immer wieder erleben, wie cool es ist, aus dem gewohnten Trott herauszukommen, aber trotzdem wieder genauso abwehrend reagieren, wenn es an die nächste neue Aufgabe geht. Wir sträuben uns, schieben es auf, bekämpfen es und jammern rum – alles nur, um bei unserer kuscheligen Routine zu bleiben. Aber die Kuschelecke hat einen hohen Preis. Ohne es zu merken, bauen wir eine unsichtbare Mauer um uns herum auf. Jede Herausforderung bekommt ein „Eintritt verboten"-Schild umgehängt, *selbst wenn sie uns eigentlich befreien würde.* Innerhalb der Mauern befinden sich all die Dinge, die wir ohne Mühe hinbekommen – Dinge, die wir schon gemeistert haben. Aber darüber hinausgehen? Ohne uns!

Wenn wir Teens fragen, bei welchen Dingen sie sich unsicher fühlen, kommen meist ganz normale Ängste zur Sprache: vor einer Gruppe zu sprechen, etwas Neues versuchen (besonders wenn andere zusehen oder es etwas Wichtiges ist), an fremde Orte reisen oder neue Menschen kennenlernen. Diese Sachen können schwierig erscheinen, weil sie nicht vertraut oder sogar beängstigend sind. Doch im Rückblick werden daraus meist unsere Lieblingsgeschichten und besten Erinnerungen.

Im November 2007 wurden wir als Sprecher zu zwei Veranstaltungen in Japan eingeladen, eine davon eine Teenie-Konferenz in Tokio. Das war eine Wahnsinnsmöglichkeit, Leute unserer Generation in einem völlig anderen Teil der Welt zu erreichen. Die ganze Angelegenheit machte uns total nervös. Zum einen waren wir noch nie außerhalb der USA gewesen (Kanada zählt angeblich nicht); zum anderen sollten wir 8 Vorträge halten, was ganz schön viel war. Als wenn das nicht schon weit genug von unserer Wohlfühlecke entfernt gewesen wäre, sollten wir auch noch übersetzt werden, was eine völlig neue Erfahrung war.

Fast alles an der Reise war für uns neu und unbekannt; von der fremden Sprache bis hin zu den ungewohnten Toiletten, ganz zu schweigen davon, rohes Fleisch und Tintenfisch zu essen. Es war definitiv nicht leicht, aber es war auch nicht halb so schwierig, wie wir es uns vorgestellt hatten. Und am wichtigsten: Die Konferenz verlief fantastisch und wir haben viele großartige Kontakte geknüpft. Und wenn sich wieder eine Gelegenheit ergibt, nach Japan zu reisen, sind wir sofort dabei!

Im Nachhinein gesehen ist es interessant, dass der schwierigste Teil der Reise darin bestand, Ja zu sagen. Als wir erst mal unterwegs waren, hatten wir einen Mordsspaß. Woran liegt es denn aber nun, dass es uns so schwer fällt, den ersten Schritt zu tun?

Uns ist etwas aufgefallen: Die Mauer, die uns in unserer Kuschelecke gefangen hält, besteht fast immer aus Angst – Angst vor Schwäche, Unannehmlichkeiten, Versagen, Demütigung. Uns ist noch etwas anderes aufgefallen: Man kann nicht gleichzeitig Angst haben und glauben. Wie Paulus in 2. Timotheus 1,7 geschrieben hat: „Denn Gott hat uns nicht einen Geist der Feigheit gegeben, sondern den Geist der Kraft und der Liebe und der Besonnenheit." Und wenn wir von den Leuten in der Bibel lesen, die große, schwierige Dinge für Gott gemacht haben, entdecken wir die wesentliche Anforderung: „Es ist aber unmöglich, dass Gott an jemand Gefallen hat, der ihm nicht vertraut. Wer zu Gott kommen will, muss ja fest damit rechnen, dass es ihn gibt und dass er die Menschen belohnt, die ihn suchen" (Hebräer 11,6).

Glücklicherweise sind Ängste meist nur gut getarnte Lügen. Im nächsten Abschnitt werden wir uns drei wichtige Wahrheiten anschauen, mit deren Hilfe du die Ängste knacken kannst, die dich ausbremsen wollen.

Aus deiner Ecke ausbrechen

Betrachte die drei Aussagen in diesem Abschnitt als „Eckenbrecher".

So belanglos diese Dinge auch scheinen mögen, beweisen sie etwas ganz Wichtiges: Wenn wir einen ersten Schritt machen, auch wenn wir uns dabei unwohl, ängstlich oder unzulänglich fühlen, erweitert sich der Raum, in dem wir uns bewegen. Lass dich in deinen Entscheidungen von diesen Riesenwahrheiten leiten, und du wirst verstehen, warum die Kuschelecke ein ziemlich kläglicher Ort ist – und wie du aus ihr herauskommst.

1. Gott wirkt durch unsere Schwächen, um seine großen Pläne umzusetzen

Jeder möchte sich gern stark und schlau fühlen. Deshalb treten wir auf die Bremse, legen den Rückwärtsgang ein und sausen zurück in Sicherheit, sobald wir uns überfordert fühlen. Wer möchte sich schon gern schwach und blöd vorkommen?

Alyssa ist eine 17-jährige Rebelutionärin von den Philippinen. Sie erklärt ihr früheres Verhaltensmuster so: „In meiner Kuschelecke war alles so, wie ich es haben wollte. Nichts kostete mich großartige Anstrengung. Nichts war schwierig. Es war ein Ort, an dem ich entspannen und mich vergnügen konnte."

Das Problem war, erzählte sie uns, dass sie sich in ihrer gemütlichen Ecke im Grunde weigerte, auf das zu hören, was Gott möglicherweise mit ihr anfangen wollte.

Inzwischen weiß Alyssa, wie wichtig es für sie war, ihre Bequemlichkeit hinter sich zu lassen. „Außerhalb des Bereiches, in dem ich mich sicher fühlte, lernte ich, mich auf Gott zu verlassen, statt Trost in den kleinen Freuden des Alltags zu suchen. Außerhalb meiner Kuschelecke merkte ich, wie viel größer Gottes Plan mit der Welt und mit mir ist und was ich alles sehen und erreichen kann, wenn ich mich mehr auf ihn als auf alles andere stütze."

Vielleicht ist das bei dir anders, aber wir bauen ständig an diesen unsichtbaren Mauern, die Gefahren draußen und uns drinnen halten. Jedes Mal, wenn wir Sachen sagen wie: „Ich bin halt einfach kein Mathegenie", „Ich kriege mich nicht organisiert – mein Gehirn ist da anders verkabelt", oder: „Ich bin nun mal nicht gern mit Menschen zusammen", dann bauen wir die Mauer etwas höher.

In Wirklichkeit sagen wir damit, dass wir lieber nichts tun möchten, was uns nicht leicht von der Hand geht. Wir möchten unsere Ängste nicht überwinden. Vielleicht glauben wir auch nicht wirklich, dass Gott Interesse an uns hat und uns helfen will, Dinge zu tun, die wir allein nicht richtig hinbekommen.

Das ist eine Lüge, die der Teufel besonders liebt, weil sie ihm bestens für seine Pläne dient! (Er hat Hebräer 11,6 auch gelesen.)

Smith Wigglesworth hat erst als Erwachsener lesen gelernt, und weil er stark stotterte, konnte er den Großteil seines Lebens nicht öffentlich sprechen. Doch trotz aller Schwierigkeiten überwand er seine Sprachstörung und wurde in seinen späteren Jahren zu einem der größten Evangelisten Englands, der Tausende zu Gott führte.

Bei so einer Geschichte könnten wir jetzt denken: „Ach, schade! Wenn ihm das Ganze leichter gefallen wäre und er seine Sprachprobleme früher in den Griff bekommen hätte, hätte er noch viel erfolgreicher sein können." Aber Wigglesworth wusste: Die Schwierigkeiten, die er überwand, waren für den Erfolg seiner Arbeit entscheidend. Er pflegte zu sagen: „Großer Glaube ist das Ergebnis großer Kämpfe. Große Zeugnisse sind das Produkt großer Versuchungen. Große Triumphe können nur aus großen Prüfungen kommen."

Warum sitzen wir also auf unserem Hinterteil und drehen Däumchen?

1. Wir sind in dieser Sache nicht so gut wie jemand anders, den wir kennen.

2. Wir haben nicht so viele Hilfsmittel, wie wir für nötig halten.
3. Wir halten die Chance zu versagen für zu hoch und wollen keine Loser sein.

Aber siehst du den Irrtum, der sich in jedem dieser drei Gründe verbirgt? Genau genommen sagen wir damit nämlich:

1. Gott kann nur die Besten gebrauchen.
2. Er gebraucht uns nur, wenn alles fertig an Ort und Stelle ist.
3. Es macht ihm nur Ehre, wenn es ... uns selbst Ehre macht. (Autsch!)

Die 12-jährige Karen Kovaka war nicht besonders gesellig. Als Vierjährige versteckte sie sich bei Begegnungen mit anderen Menschen hinter ihrer Mutter, als 7-Jährige verkroch sie sich unter ihrem Bett, wenn Besuch kam, und als 12-Jährige brach sie in Tränen aus, wenn sie einem Fremden die Hand schütteln sollte.

Dann meldeten ihre Eltern sie bei einer Konferenz von *Communicators for Christ* an, um ihr zu helfen, ihre Angst vor Menschen zu überwinden. Hätte Karen gewusst, was bei der Konferenz von ihr verlangt werden würde, wäre sie in Panik ausgebrochen. Zum Glück hatte sie keine Ahnung, worauf sie sich einließ.

Bei der Konferenz machte Karen erste kleine Schritte aus ihrer Sicherheitszone heraus und stolperte dabei über eine Erkenntnis: „Ich lernte dort nicht nur, wie man eine Rede hält", erzählt Karen uns, „sondern dass Schüchternheit eine Form von Egoismus ist. Wenn ich wirklich in der Welt leben und andere Menschen lieben wollte, musste ich meine Ängste überwinden."

Ihr erster Schritt legte das Fundament für eine vollkommen andere Zukunft. Sie begann, sich gezielt nach Möglichkeiten umzusehen, wie sie an ihren Schwächen arbeiten konnte. Sie belegte Rhetorik-Kurse und wurde sicherer im Umgang mit anderen Menschen. In ihrer Entwicklung gab es immer noch viele Tränen, Misserfolge und Unannehmlichkeiten, aber sie hatte gelernt, dass Gottes Stärke ihre Schwäche überragt. In der Folge gewann sie sogar Diskussionswettbewerbe. Das war jedoch nicht das, wovon Karen träumte.

Ihr wirklicher Traum wurde wahr, als sie mit 17 mit *Communicators for Christ* auf Tour gehen durfte, dieselbe Organisation, die ihr 5 Jahre zuvor dabei geholfen hatte, ihre engen Grenzen zu erweitern. Inzwischen ist sie 18 und als persönliche Assistentin der Leiterin tätig. Sie hilft Hunderten von Jugendlichen dabei, ihre Angst vor dem öffentlichen Reden zu überwinden und eine Stimme für Gott zu werden.

„Jugendliche können echt unglaublich viel erreichen, wenn sie sich bewusst werden, was sie wollen", sagt Karen. „Ich denke, Jugendliche müssen wissen, dass das möglich ist – dass ihre Träume und Ziele wahrscheinlich nicht völlig außerhalb ihrer Reichweite liegen."

Karen sieht sich selbst als ein lebendiges Zeugnis für Gottes Fähigkeit, unsere Unzulänglichkeiten zu nehmen und daraus etwas Besonderes zu machen. „Die meisten Jugendlichen möchten mit ihrem Leben etwas Wichtiges anfangen, aber dazu müssen sie glauben, dass sie es mit Gottes Hilfe auch wirklich schaffen können."

Wie sich herausstellt, nimmt Gott nur zu gern stotternde Jungen und schüchterne Mädchen und verändert durch sie das Leben anderer für immer. Und es kommt nicht darauf an, sich bei etwas gut zu fühlen; es kommt darauf an, Gott zu gehorchen.

Selbst wenn du Angst hast.

2. Mut ist nicht die Abwesenheit von Furcht

Angst ist die Mauer, die uns in unserer Ecke gefangen hält. Fairerweise sollte gesagt werden, dass wir meist auch einen guten Grund für unsere Angst haben; auf der anderen Seite der Mauer gibt es ja für gewöhnlich wirklich etwas Unangenehmes. Problematisch wird es nur, wenn wir deswegen einfach sitzen bleiben.

Wir warten.

Und warten.

Warum? Na ja, wir warten eben, bis wir keine Angst mehr haben, bevor wir etwas ausprobieren. Und oft – das darf man nicht vergessen – haben wir ja Angst vor etwas Neuem, weil wir in der Vergangenheit schmerzliche Erfahrungen gemacht haben. Wir haben uns schon einmal vorgewagt, und uns ist der Boden unter den Füßen weggerutscht. Wir haben viel in etwas investiert, was uns wirklich wichtig war, und dann war doch alles umsonst. In so eine Situation möchten wir uns nicht noch einmal bringen.

Die Wahrheit ist aber, dass wir dann lange warten können. Wenn wir warten, bis Gefühle der Angst und Minderwertigkeit verschwinden, wagen wir uns *nie* aus unserer Kuschelecke heraus. Wenn wir nicht *trotz unserer Ängste* den ersten Schritt wagen, wird niemand von uns je wirklich Schwieriges anpacken. Wenn wir unser Leben lang wachsen und lernen wollen, müssen wir unsere Ängste besiegen – nicht indem wir sie irgendwie verschwinden lassen, sondern indem wir erkennen: Es gibt etwas Schlimmeres als Unbehagen, etwas Schlimmeres als das Unbekannte, etwas Schlimmeres als Versagen. Dieses Schlimmere ist, es überhaupt nicht zu versuchen.

Vergleichen wir mal die Geschichten von Betsy und Grace:

„Guck mal da drüben, das Mädchen. Sie ist schwanger.“

„Ich hab sie noch nie hier gesehen. Ist sie neu?“

„Ja. Eine Freundin hat mir erzählt, dass sie schwanger ist. Sie gehen in dieselbe Klasse.“

Betsy hörte zu, wie ihre Freundinnen über das schwangere Mädchen tratschten. Sie sah zur anderen Seite des Cafés hinüber. Sie saß ganz allein da. Hatte keinen, mit dem sie reden konnte. Mit dem sie lachen konnte. Oder weinen.

Wie sie sich wohl gerade fühlt?, dachte Betsy. Ob sie ir-

gendwelche Freunde hat? Und dann spürte Betsy es. Einen Stups. Geh zu ihr!

Warum ausgerechnet jetzt, Gott?, dachte Betsy. Kannst du nicht jemand anderes finden, um ihr zu helfen? Was würden die anderen von mir denken? Ich habe Angst.

Geh zu ihr! Die Stimme flüsterte ein weiteres Mal, laut und deutlich. Nur hörte Betsy nicht auf die Stimme. Obwohl sie ihr drei Tage hintereinander dasselbe sagte.

Danach war das Mädchen verschwunden.

„Mir wird es immer leidtun, dass ich Gottes Schubser einfach so missachtet habe", gestand uns Betsy später. „Ich werde einfach die Frage nicht los, wer das Mädchen war, was in ihrem Leben schiefgelaufen war und was geworden wäre, wenn ich mit ihr gesprochen hätte."

Obwohl Betsy weiß, dass Gott ihr vergeben hat, fragt sie sich: „Was wäre wenn?" Was wäre gewesen, wenn sie Gott trotz ihrer Hemmungen gehorcht hätte? Hätte ihr Leben – und das des Mädchens – völlig anders verlaufen können?

Letzten Sommer versprach die 17-jährige Grace Mally Gott eines Tages, dass sie jetzt zum Spielplatz gehen und dem ersten Menschen, den sie dort traf, von ihm erzählen würde, egal, wer es war. Doch statt einer Mama mit Kinderwagen traf sie vier stattliche Bauarbeiter, die der Rutsche einen neuen Anstrich verpassten.

Was?! Da muss was falsch gelaufen sein. Gott will doch bestimmt nicht, dass ich denen von ihm erzähle! Davor hätte ich viel zu viel Angst. Grace drehte sich um und machte sich auf den Nachhauseweg. *Moment mal, nein, ich kann nicht nach Hause gehen. Ich habe Gott versprochen, dass ich das mache.* Im Zeitlupentempo machte sie kehrt und ging zurück zum Spielplatz.

„Ich wusste, dass ich mich nicht von meinen Ängsten leiten lassen durfte", erinnert sich Grace. „Die Bibel sagt uns immer wieder, wir sollen uns nicht fürchten." Als sie erst mal in Gang gekommen war, schmolzen ihre Ängste dahin. Die Arbeiter waren überraschend offen und nett, und sie konnte ihnen gleich auf zweierlei Weise Gutes tun: erstens erzählte sie ihnen von ihren Erlebnissen mit Gott und zweitens schenkte sie ihnen eiskalte Limonade aus.

„Ich weiß nicht, was Gott daraus gemacht hat", sagt Grace, „aber ich habe einmal mehr gelernt: Wenn ich mich aus Angst davon abhalten lasse, schwierige Sachen zu machen, verpasse ich das größte Abenteuer, das es gibt – nämlich meine Persönlichkeit weiterzuentwickeln und auf Gott zu hören."

Betsy und Grace: zwei Mädels und zwei unterschiedliche Reaktionen auf Gottes leise Schubser.

Unser Vater sagt oft: „Echter Mut ist nicht die Abwesenheit von Furcht, sondern der Entschluss, dich nicht von deinen Ängsten leiten zu lassen." Grace zeigte Mut, indem sie das durchzog, was sie als Gottes Willen erkannt hatte – egal, wie sie sich dabei fühlte. Betsy ließ sich dagegen von ihrer Angst und ihren Hemmungen zurückhalten.

Doch das sollte ihr nicht wieder passieren.

„Jetzt weiß ich, dass Gott nicht von mir verlangt, so etwas im Alleingang zu tun", sagt Betsy. „Ich soll ihm einfach folgen und schauen, was passiert. Das wollte er von mir. Er wollte, dass ich meine Zuversicht auf ihn setze."

Natürlich sollst du nicht in ein Aquarium voller Haie springen. Einige Ängste sind völlig berechtigt und fungieren als Warnsignal! Wir meinen eher Dinge, von denen du weißt, dass du sie tun sollst, die du aber nicht tust, weil du Angst hast zu versagen; weil du dir nicht blöd vorkommen willst oder einfach, weil du zu bequem bist.

Unsere Ängste zu überwinden bedeutet nicht, dass uns egal ist, was passiert. Es bedeutet einfach, *trotz* unserer Bedenken zu handeln. An Angst gekettet zu sein ist viel schlimmer als ein paar blaue Flecken, weil du auf die Nase gefallen bist. Wenn du dich von Furcht bestimmen lässt, sagst du damit eigentlich, dass du Gott nicht für vertrauenswürdig hältst. Wenn wir uns von unseren Ängsten lähmen lassen, werden wir irgendwann zerknirscht auf unser Leben zurückblicken und uns wegen all der Dinge ärgern, die wir hätten tun können und tun sollen – aber nicht getan haben.

Gott sei Dank können wir viele unserer Ängste überwinden, indem wir uns ihnen stellen – indem wir mit Gottes Hilfe den ersten Schritt gehen. Der erste Schritt ist immer der schwierigste.

3. Erfolg ist nur dann möglich, wenn man auch riskiert zu versagen

Jeder gewinnt gern. Gewinnen fühlt sich definitiv besser an als verlieren. Aber Konkurrenzdenken kann auch Angst vor dem Versagen schüren, und die engt uns ein. *Es wäre eine Katastrophe, wenn ich das mache und es nicht hinhaut,* sagen wir uns. *Jeder würde mich für einen Loser halten.*

Siehst du den Trugschluss in dieser Denkweise? Sieg oder Weltuntergang, das hält man für die einzigen Möglichkeiten. Dabei ist die Wahrheit hier so befreiend. Außer wenn wir absichtlich dumm handeln, ist kein Versagen endgültig. Wir sind nicht dazu berufen, immer Erfolg zu haben. Wir sind dazu berufen, treu zu sein, die ersten schwierigen Schritte zu gehen – und es Gott zu überlassen, was er daraus macht.

Caleb, 14 Jahre alt, wollte schon seit Jahren eine eigene CD aufnehmen. Endlich hatte er genug Geld zusammengespart und konnte sich die nötige Ausrüstung kaufen, um sein Zimmer in ein Studio zu verwandeln. Jetzt musste er nur noch lernen, wie das Ganze funktionierte.

Er entschied sich, nach dem Prinzip *„Learning by doing"* vorzugehen.

Caleb brauchte drei Wochen, um zwei Lieder aufzunehmen, und drei weitere Wochen, in denen er an Reglern drehte und auf Knöpfe drückte, um die Aufnahmen zu überarbeiten. Das waren keine sechs Wochen mit Unterbrechungen, sondern sechs Wochen, in denen er jede freie Minute in seinem Studio zubrachte. Er machte Dutzende (und Aberdutzende) Fehler, um sich mit den Geräten vertraut zu machen und musste einmal ganz von vorne anfangen, als er eigentlich fast schon fertig gewesen war. Und nach all dieser Arbeit verkaufte er sage und schreibe drei CDs. Wenn man seine Großeltern nicht mitrechnet, sogar nur eine.

In solchen Zeiten müssen wir daran denken, dass auch das Größte klein anfängt. Wenn die Sache es wert ist, ist sie es auch wert, zu versagen und es noch einmal zu probieren. Laut Bibel fällt der Gerechte sieben Mal und steht sieben Mal wieder auf (Sprüche 24,16).

An der anderen Stelle, wo die Bibel davon spricht, etwas sieben Mal zu tun (nämlich zu vergeben), stellt Jesus klar, dass sieben Mal durchaus auch sieben Mal siebzig Mal sein kann. Hat irgendjemand von uns schon einmal in einer Sache versagt und es dann 490 weitere Male probiert? Äh – genau genommen haben wir noch keine Sache auch nur sieben Mal hintereinander probiert!

Calebs Versagen hätte ihn davon abhalten können, es jemals wieder zu versuchen. Ein solcher Misserfolg schien zu sagen: „Die PlayStation ist leichter zu bedienen." Aber so hat Caleb es nicht gesehen. Er fand es klasse, dass er nun mit seinem privaten Aufnahmestudio umgehen konnte!

Seit diesem ersten Versuch hat Caleb mehrere große Projekte gemacht – alle in einem Bruchteil der Zeit, die er für seine erste Aufnahme gebraucht hat. Da er die technische Seite des Aufnehmens und Mischens jetzt ganz gut beherrscht, kann er nun an seinem Gitarrespiel und am Komponieren arbeiten. Ganz zu schweigen von seinen Freunden. Jetzt, da sie von seinem „Studio" und seinem technischen Können wissen, kommen sie öfters mit ihren Instrumenten bei ihm vorbei und probieren zusammen herum.

„Das ist viel besser, als wenn ich jedes Instrument selbst spielen müsste", lacht Caleb. „Ich bin mir ziemlich sicher, dass wir diesen Sommer ernsthaft als Band anfangen werden. Das ist total toll."

Caleb hat gelernt, dass es in Ordnung ist, Schwieriges nicht auf Anhieb hinzubekommen. Jedes Bemühen, selbst wenn es scheitert, bringt nämlich Wachstum.

Wir waren zum Beispiel einmal mit einer großen Gruppe Jungs unterwegs, und irgendjemand hatte die geniale Idee, einen Liegestütz-Wettbewerb zu machen. Das Ziel waren 100 Liegestütze. Die meisten Jungs versuchten es überhaupt nicht erst, entweder weil sie befürchteten, dass sie versagen würden, oder weil sie *wussten*, dass sie versagen würden. Für dieses extrem männliche Vorhaben blieben zu guter Letzt drei Jungs übrig, die wussten, dass sie 100 Liegestütze schaffen konnten – sowie Brett und Alex, die wussten, dass sie es *nicht* konnten.

Das Ergebnis überraschte wenig: Wir verloren – mit einem Riesenabstand. Zum Schluss lagen wir völlig erschöpft auf dem Boden und dachten: *Das war echt*

91

eine blöde Idee. Was haben wir uns dabei gedacht? Werden wir je wieder hochkommen?

Da ist die Mentalität, die das Schwierige anpackt, so wichtig. Wir haben nämlich wahrscheinlich durch diese Sache ein viel besseres Training bekommen als die anderen. Die anderen haben sich angestrengt – bis zum Sieg. Dann haben sie aufgehört. Wir haben uns auch angestrengt. Aber wir haben noch mehr gemacht. Wir haben uns bis an unsere Grenzen und darüber hinaus gezwungen. Wir sind stärker geworden, auch wenn wir das Ziel nicht erreicht haben.

Oft lassen wir uns durch kleine Patzer davon abhalten, wichtige Fähigkeiten zu erlernen, entscheidende Beziehungen aufrechtzuerhalten oder einfach richtig große Sachen in unserem Leben zu erreichen. Jemand, der sich an große Brocken heranwagt, weiß: Jede Anstrengung – auch gescheiterte! – baut Muskeln auf. Die Erfahrung sagt uns, dass wir keine 100 Liegestütze machen können, weil wir die nötige Kraft dazu nicht Stück für Stück aufgebaut haben. Diese Einstellung stellt Versagen auf den Kopf, so dass es uns zugute kommt und nicht schadet. Dann wird Versagen ein Weg, um stärker zu werden, und kein Grund, um aufzugeben.

Ein Schritt ins Unbekannte

Die Brüder Seth und Ian Willard waren 18 und 16. Keiner von beiden hatte je bei einem Wahlkampf mitgemacht. Aber sie waren gerade auf einer Konferenz gewesen, bei der einer der Sprecher die Teens herausforderte, politisch etwas zu bewirken. Und welch ein Zufall – es war gerade Wahljahr.

„Da mussten wir eine Entscheidung treffen", erinnert sich Ian. „Wir konnten uns entweder zurücklehnen und zuschauen oder wir konnten mitten rein ins Geschehen springen und riskieren, uns lächerlich zu machen."

Als sie wieder zu Hause in Minnesota waren, unternahmen sie einen ersten Glaubensschritt und riefen den Kandidaten an, für den sie waren. Sie boten ihm ihre Dienste an. „Vor dem Anruf waren wir echt nervös", gibt Seth zu, „aber er war total froh, dass wir uns bei ihm meldeten. Und wie sich herausstellte, konnte er reichlich Hilfe gebrauchen." Schon am darauffolgenden Samstag arbeiteten die Brüder im Wahlkampf für seinen Sitz im Senat mit.

Nicht mal eine Woche später hörten Seth und Ian, dass ein alter Freund ihrer Familie als County-Sheriff kandidierte. Wieder boten sie ihre Dienste an, und wieder wurden sie eingeladen, beim ersten Treffen für seinen Wahlkampf dabei zu sein. Ehe sie sich versahen, waren sie Mitglieder seines Wahlkampfteams. Und Ian war noch nicht mal alt genug zum Wählen!

Seth und Ian trommelten viele ihrer Freunde zusammen, damit sie auch mitmachten, und ihr Team wurde allmählich bekannt. Andere Leiter von Wahlkampfkampagnen kamen auf sie zu und baten um ihre Hilfe. Schlussendlich reisten sie quer durch den Staat, um bei einer landesweiten Wahl für den amerikanischen Kongress zu helfen. Ein paar Wochen später schauten sie sich zufrieden die Wahlergebnisse an. Alle Wahlkampfkampagnen, bei denen sie mitgewirkt hatten, führten zum Sieg.

Mit diesen Erfolgen auf ihrem Konto war es schwer zu glauben, dass sie so etwas noch nie getan hatten und nur wenige Monate zuvor gar nicht recht gewusst hatten, wo sie anfangen sollten.

„Erst war ich versucht, vor Stolz fast zu platzen, weil ich Amerika gerettet hatte", sagt Ian mit einem Lachen. „Aber dann ging mir auf, dass es nichts mit mir zu tun hat. Ich war einfach ein Werkzeug in Gottes Hand. Er hat mir gezeigt, was mit seiner Hilfe möglich ist. Nicht mehr und nicht weniger."

Uns gefällt die Geschichte von Seth und Ian so gut, weil sie die drei „Eckenbrecher" veranschaulicht, die wir uns in diesem Kapitel angeschaut haben:

1. Trotz ihres Mangels an Erfahrung hat Gott ihnen geholfen, großartige Sachen zu erreichen.
2. Trotz ihrer Ängste haben sie gehandelt. Sie sind den ersten Schritt gegangen und haben angerufen, und Gott hat eine Schleuse zu vielen Möglichkeiten geöffnet.
3. Sie haben es riskiert, zu versagen und dumm dazustehen, was ihnen letztlich Erfolg und eine Zukunftschance beschert hat.

Seit dieser Erfahrung fühlen sich Seth und Ian dazu berufen, viele Leute aus ihrer Generation dazu zu ermutigen, dass sie sich auch engagieren. Einmal mehr haben sie ihre bequeme Ecke verlassen und in ihrer Stadt einen Verein gegründet, der Vorträge von verschiedenen Politikern vor Schülern und Studenten organisiert. Außerdem organisiert der Verein Fahrten zur Landeshauptstadt, wo man die Abgeordneten treffen und Senatssitzungen beiwohnen kann.

„Unsere Geschichte hat mit einem einzelnen Schritt ins Unbekannte angefangen", sagt Seth, „aber mit Gottes Hilfe hat unsere Geschichte erst begonnen. Wir können es kaum erwarten zu sehen, was als nächstes kommt."

Zukunft unbekannt, Gott bekannt

Im Britischen Museum in London ist eine interessante Landkarte ausgestellt. Es ist eine alte Seekarte aus dem Jahr 1525, auf der die nordamerikanische Küste und die dazugehörigen Gewässer aufgezeichnet sind. Der Kartograf hat einige faszinierende Anmerkungen zu noch unerforschten Gebieten auf der Karte verzeichnet. Er schrieb: „Hier gibt es Riesen", „Vorsicht, Feuerskorpione" und „Hier sind Drachen." Zum Glück haben die nachfolgenden Entdecker seine Warnungen ignoriert – und dadurch ganz neue Kontinente entdeckt!

In diesem Kapitel haben wir gesehen, dass Riesen,

Feuerskorpione und Drachen uns nicht wirklich hinter unserer Mauer halten. Es ist unsere *Angst* vor ihnen, die das tut. Wenn wir mit Gottes Hilfe erst mal diesen ersten schrecklichen Schritt tun – und dann weiter vorangehen –, erleben wir die Weite und Fülle des Lebens, das Gott für uns im Sinn hat.

Nicht nur das. Wir haben auch gesehen: Gott findet es anscheinend gut, mit uns zusammenzuarbeiten, selbst mit unseren Beschränkungen, und er kann sogar unser Versagen segnen. Anstatt uns über zukünftige Probleme den Kopf zu zerbrechen, können wir, wie Corrie ten Boom schrieb, unbesorgt eine „unbekannte Zukunft einem bekannten Gott" anvertrauen.

Fast ein Jahrzehnt ist Bretts erste Dusche nun her, eine der großen Herausforderungen seiner Kindheit. Seitdem hat er viele neue Aufgaben in Angriff genommen – einige davon waren fast so furchterregend wie der Gedanke, Wasser in Augen und Ohren zu bekommen. „Wenn es mir so vorkommt, als würde mich eine neue Anforderung umbringen", sagt er, „denke ich einfach daran, dass ich das Gefühl bei meiner ersten Dusche auch hatte. Dann kommt wieder ein Grinsen auf und ich mach weiter."

Was ist, wenn man das Gleiche zu den Herausforderungen sagen könnte, denen du heute gegenüberstehst? Denk mal kurz über die folgenden Fragen nach:

- Wie könnte dein Leben aussehen, wenn dein Vertrauen auf Gott deine Ängste überwindet?

- Wie viel anders könnte dein Leben aussehen, wenn du dich entscheidest, aus deiner bequemen Ecke herauszukommen und Schwieriges anzupacken?

Die Geschichten in diesem Kapitel sind nur ein paar Beispiele für eine Realität, die schon in tausenden von Leben passiert ist. Was denkst du? Kann aus einem Jungen, der unter heftigen Panikattacken leidet, einer werden, der bei Live-Veranstaltungen vor über einer halben Million Menschen spricht, zahlreiche Auftritte im nationalen Fernsehen hatte und sogar eine Rede im Weißen Haus gehalten hat? Unmöglich?

Nö! Er heißt Zach. Und bei Gott ist alles möglich.

Im Rest des Buches wirst du noch sehr viel mehr Jugendliche kennenlernen, einschließlich Zach, deren Leben total umgekrempelt wurde, weil sie sich Gott anvertraut haben und ihm gefolgt sind, egal, wohin – selbst wenn sie sich dabei nicht mehr sicher fühlten.

Wenn man ihnen zuhört, kriegt man Lust, selbst loszulegen!

Die Messlatte höher legen

Schwieriges anpacken und die Erwartungen sprengen

Sarah ist 19 Jahre alt und im zweiten Studienjahr am *Olympic College* in Washington. Sie kann sich noch genau erinnern, wie sie einmal ihre schlechteste Note in einem Englisch-Aufsatz bekam. Die Lehrerin hatte ihn mit Anmerkungen vollgekritzelt und ans Ende noch einen niederschmetternden Satz geschrieben, der aber auch eine Chance darstellte. Der Satz lautete: *Sarah, da steckt noch viel Potenzial drin, wenn du den Aufsatz komplett überarbeitest.* Überraschenderweise machte Sarah die schlechte Note gar nicht viel aus. Viel schmerzlicher war die Erkenntnis, dass sie sich immer einfach so durchgemogelt hatte. Sie hatte ihre Arbeit immer nur anhand der Noten beurteilt, nicht anhand wichtiger Kriterien wie: *Habe ich mein Bestes gegeben?* Oder: *Lerne ich überhaupt etwas dabei?*

Sarah erzählte uns verlegen: „Ich war mir auch vorher schon durchaus bewusst, dass einige Aufsätze von mir nicht das Bestmögliche waren, habe aber trotzdem gute Noten bekommen." Aber ihre Englischlehrerin sah, dass Sarah sich eigentlich mit minimaler Anstrengung über die Runden schummelte. „Sie hat meinen Aufsatz gelesen und seine Mängel genau aufgezeigt. Aber sie hat auch mein Potenzial gesehen."

Wie ist Sarah auf das schmale Brett geraten, in ihren Kursen nur das Nötigste zu tun?

„Als ich am College anfing, war ich sogar erleichtert, dass die Erwartungen da eher gering waren", erklärt Sarah. „Ich brauchte mich nicht groß anzustrengen, schaffte es mit wenig Aufwand und bekam trotzdem gute Noten." Aber das hatte seinen Preis. Sie war selbstgefällig geworden und entwickelte sich nicht weiter.

So schmerzhaft die Erfahrung auch war, ist Sarah heute doch dankbar, dass eine Lehrerin ihr Spiel durchschaute – und die Messlatte höher legte.

Sarah nahm die Herausforderung an und überarbeitete den Aufsatz komplett. Zuerst wusste sie nicht recht, ob sie das hinbekommen würde, aber nach einigen Stunden Arbeit merkte sie, dass ihr neuer Entwurf erheblich besser war.

„Als ich den Aufsatz fertig überarbeitet hatte und mir bewusst wurde, wie viel ich durch diese Herausforderung gelernt hatte, ging mir ein Licht auf. Ich sah nun, dass ich es mir vorher schön bequem gemacht hatte – dass aber hinten überhaupt nichts für mich herauskam."

An diesem Tag erkannte Sarah: Um wirklich auf das Leben vorbereitet zu sein, musste sie Verantwortung für ihre eigene Bildung übernehmen. Wenn sie ihren Erfolg nur mit der Messlatte des allgemein Akzeptablen maß, würde sie ihr wahres Potenzial nie erreichen. Sie musste ihre Messlatte mit eigenen Händen höher legen und dann ihr Bestes geben, um sie zu erreichen.

„Man könnte meinen, dass man doch alles erreicht hat, wenn man bei einer Aufgabe die Erwartungen des Lehrers erfüllt", sagte sie. „Aber bei mir war das nicht der Fall. Nach einem Jahr am College und zehn verschiedenen Lehrern kapierte ich, dass mindestens die Hälfte von ihnen nicht genug von mir erwartet hatte."

„Tu, was du kannst" – eine Fallgrube

Kannst du Sarahs Geschichte nachempfinden? Mann kann sich viel zu leicht mit weniger als seinem Besten begnügen, besonders wenn unsere halbherzigen Bemühungen doch alle zufriedenzustellen scheinen. Und „gut genug" zu sein kann besonders gefährlich sein. Leute, die es *viel besser* machen und *erheblich größere Herausforderungen* meistern könnten, tun das selten, wenn sie bereits die Ansprüche ihrer Umwelt erfüllen.

Wie steht es mit dir? Vielleicht hast du dich nicht richtig um ein Schulprojekt gekümmert, weil du wusstest, dass du notfalls einfach am Abend vor dem Abgabetermin lange aufbleiben und schnell irgendetwas zusammenbasteln könntest. Oder vielleicht hast du dich irgendwo im Mittelmaß eingenistet, obwohl du weißt, dass du da nicht hingehörst. Es gibt viele Gelegenheiten, wo du nicht 100 Prozent zu geben brauchst und es trotzdem schaffst – in einem Team, in der Jugendgruppe, beim Job, zu Hause, in deinem persönlichen und geistlichen Leben.

In diesem Kapitel schauen wir uns einen der wichtigsten, aber auch herausforderndsten Schritte an, die du machen kannst, um dich gegen geringe Erwartungen zu stellen: deinen Hang zur Bequemlichkeit abzulegen und Dinge anzupacken, die weit über die Anforderungen und Erwartungen deines Umfelds hinausgehen.

Die Entscheidung, das zu tun, zeichnet dich sofort als *Rebelutionär* aus. Wenn du dich dazu aufraffst, die Erwartungen zu sprengen, bist du ganz auf dich gestellt. Das kann dich von deinen Freunden, Mitarbeitern, anderen Christen und sogar deiner Familie entfernen. Wie wir noch sehen werden, erfordert es schon ein paar bestimmte Charaktereigenschaften, dein Bestes geben zu wollen, auch wenn es niemand von dir verlangt. Es macht dich zu einem Kontrastprogramm zur Allgemeinheit, die zwar sagt: „Tu, was du kannst", aber damit etwas ganz anderes meint.

Dieser gängige Satz „Tu, was du kannst" ermutigt in Wirklichkeit genau zum Gegenteil. Wenn jemand sagt: „Tu, was du kannst", fühlst du dich dann inspiriert, dich so richtig reinzuhängen? Oder klingt das eher wie die Erlaubnis, mit minimaler Anstrengung halt eben so über die Runden zu kommen? Wir sagen: „Ich habe getan, was ich konnte!" Aber haben wir das wirklich? Viel eher meinen wir damit doch: „Ich hab's versucht. Mehr kann man von mir nicht erwarten."

Ob du es glaubst oder nicht, diese Mentalität, es „versucht" zu haben und zu „tun, was man kann", ist das Werk des fiesen Feindes, den wir im zweiten Kapitel kennengelernt haben: der Mythos der Jugendzeit.

Dürfen wir vorstellen?
Herr Selbstzufriedenheit

Es gibt zwei Arten, wie dich der Mythos der Jugendzeit erwischen kann. Die erste ist, dich einer gründlichen Gehirnwäsche zu unterziehen, damit du selbst nur geringe Erwartungen an dich hast. Wenn das nicht funktioniert, will er dir weismachen, dass du eine Ausnahme bist. Was in diesem Fall heißt: Verglichen mit dem mangelnden Verantwortungsbewusstsein sowie der Unreife und Unfähigkeit, die Teenagern so allgemein zugeschrieben wird, liegst du offiziell „über dem Durchschnitt".

Wow! Da hast du dir ja einen Keks verdient!

Es kann zu einer Falle werden, wenn deine Leistungen als überdurchschnittlich bewertet werden, ohne dass du dich anstrengst. Du kannst wie Sarah werden und dich auf deinem überdurchschnittlichen Status ausruhen – auf einem Fluss voll kläglicher Anforderungen. Und jeder Tag mehr verringert die Chancen, dass du je dein eigenes Potenzial auslebst.

Es dauert nicht lange, dann bist du vor lauter Selbstzufriedenheit blind und merkst nicht mehr, dass du im Hinblick auf dich und deine Leistung völlig unter deinem Niveau bleibst. Kommt dir das bekannt vor? Uns schon. Ehrlich gesagt *mögen* wir das Gefühl sogar. Aber wir sind dabei zu lernen, dass so viel Selbstgefälligkeit ganz schnell zu Enttäuschungen führt.

Genau wie Stolz gedeiht Selbstzufriedenheit nämlich besonders gut, wenn man sie hinter Ausreden versteckt („Ich hab doch getan, was ich konnte …"). Es liegt auf der Hand, dass die meisten selbstzufriedenen Leute gar kein Problem bei sich sehen. Und wie viele weise Menschen in der Geschichte gemerkt haben, ist der gefährlichste Feind der, den wir nicht erkennen. Da du kein Problem bei dir selbst siehst – wieso denn auch? Du liegst doch über dem Durchschnitt! –, bist du leichte Beute für viele attraktive Lügen.

Stell dir Selbstzufriedenheit mal als eine Person vor. Herr Selbstzufriedenheit tritt neben dich, bewundert deine Zeugnisse und flüstert dir Schmeicheleien ins Ohr, die dich in Selbstgefälligkeit versinken lassen:

- „Du bist echt ein Glückspilz – hast es geschafft, ohne dich groß anzustrengen."
- „Es läuft doch alles wie am Schnürchen. Warum solltest du eine neue Herausforderung annehmen, bei der du versagen könntest?"
- „Du bist doch völlig in Ordnung. Warum solltest du dich verbessern wollen?"

- „Verglichen mit anderen – hüstel, hüstel – bist du nicht schlecht!"
- „Soweit ich weiß, haben Thomas Edison und Bill Gates in ihrer Jugend nie gute Noten gehabt."

Wenn du Herrn Selbstzufriedenheit lange genug zuhörst, wirst du bald überzeugt sein, dass du in erster Linie ein Nickerchen brauchst. Aber mach dir nichts vor. Selbstzufriedenheit hat tatsächlich einen Preis, und der kann tragisch ausfallen. Wir rutschen in ewige Mittelmäßigkeit und blöde Ausreden hinein. Das Leben wird langweilig, und wir fragen uns, welchen Grund das hat. Wir wissen – oder vermuten zumindest –, dass wir viel mehr tun und sein könnten, als wir sind. Aber da wir uns einfach treiben lassen, kann man sich nie so sicher sein. Da können wir genauso gut noch ein Nickerchen machen.

Das täglich erscheinende Journal „*Bits & Pieces*" malt ein erschreckendes Bild davon, was hier vor sich geht:

Selbstzufriedenheit macht schwach und stumpf. Sie dreht den kreativen Flow im Kopf ab. Das erste Symptom ist, dass man mit den Dingen zufrieden ist, wie sie sind. Das zweite ist die Ablehnung von Veränderungen. „Gut genug" wird zur Parole von heute und zur Messlatte von morgen.

Selbstzufriedene Menschen fürchten sich im Grunde vor dem Unbekannten. Sie misstrauen Unerprobtem und verabscheuen Neues. Wie Wasser folgen selbstzufriedene Men-

*schen dem einfachsten Weg – nach unten. Sie schöpfen ver-
meintlich Kraft daraus, hinter sich zu blicken, doch diese
Kraft erweist sich als Trugschluss.*

Sprüche 1,32 sagt das sogar noch deutlicher: „[D]ie
Sorglosen und Selbstsicheren bringt ihr Eigensinn
ums Leben" (GNB).

Wenn wir nicht höher streben, uns mehr anstren-
gen und größere Risiken eingehen, werden wir mit
der Zeit der spannenden Zukunft beraubt, für die Gott
uns geschaffen hat.

Mit etwas Glück aber erleben wir irgendwann das
Gleiche wie Sarah: Etwas rüttelt uns wach, wir merken, dass unser wahres Leben an uns vorbeizieht, und
wir treffen den Entschluss, nicht mehr untätig dabei
zuzusehen.

Drei Strategien, um nach oben zu kommen

Wir empfehlen *Rebelutionären* drei unbequeme Strate-
gien, durch die man die Erwartungen der Gesellschaft
sprengt und näher an Gottes Erwartungen heran-
kommt:

1. Pack Sachen an, die dir nicht leicht fallen.
2. Mach dich bekannt für das, was du tust (mehr als
   für das, was du nicht tust).
3. Such keine Ausflüchte, sondern mach was aus dir.

1. Pack Sachen an, die dir nicht leichtfallen

Erinnerst du dich noch an Heidi, die Koordinatorin unserer Kampagne im Rennen um das Landesgericht von Alabama? Sie ließ sich auf etwas ein, das für sie erst mal ganz schön furchterregend war: Telefonieren, besonders mit Fremden.

Für viele Teenager ist Telefonieren so selbstverständlich wie Atmen oder Pizza essen. Es geht nicht ohne, und man denkt nicht groß darüber nach, wenn man es tut. Aber bei Heidi war das anders. Genau das meinen wir damit, etwas anzupacken, das *dir persönlich nicht leicht fällt.* Wahre *Rebelutionäre* schauen sich genau an, in welchen Bereichen sie mehr erreichen könnten, wenn sie mal nicht nur das tun, was ihnen sowieso schon leicht fällt. Sie legen ihre alten Lorbeeren, ihre Selbstzufriedenheit und die geringen Erwartungen beiseite und wenden sich etwas ganz Neuem zu.

Mark spielt im Basketballteam der Highschool mit. Er ist einer der besten Torjäger in seiner Liga, und Basketball ist immer sein Leben gewesen, so lange er sich zurückerinnern kann. Fast jeden Tag verbringt er Stunden in der Turnhalle, wozu nicht das offizielle Training zählt. Er übt Hunderte von Freiwürfen und arbeitet an seiner Sprungkraft. Wenn du andere fragst, ob Mark Schwieriges anpackt, werden sie Ja sagen. In Wirklichkeit benutzt Mark sein Sportlerimage allerdings als Ausrede, um weniger Zeit mit Dingen zu verbringen, die ihm nicht so leicht fallen: zum Beispiel anspruchsvolle Bücher zu lesen oder im Haushalt zu helfen.

Wenn Mark ehrlich mit sich wäre, würde er zugeben, dass er andere Lebensbereiche stark vernachlässigt oder sogar ganz außer Acht lässt. Wir alle haben die Tendenz, uns auf unsere Stärken zu konzentrieren und sie dann als Ausrede zu benutzen, um unsere Schwächen nicht anzugehen. So macht Mark das. Jeder von uns würde nur zu gern seine größte Stärke herausnehmen und sagen: „Das bin ich. Beachte das andere nicht. Das hier, das bin ich." Aber als *Rebelutionäre* können wir uns das nicht erlauben.

Nehmen wir zum Beispiel Heather, auch ein Mädchen, das wir bei den Kampagnen in Alabama kennengelernt haben. Sie wollte, dass Leute sie nur in ihrer Rolle als Mitleiterin einer großen Jugendorganisation sahen. Da sie eine begabte, aktive Jugendliche inmitten von geringen Erwartungen war, stach Heather natürlich hervor. Die meisten waren stark von ihr beeindruckt, und so beeindruckte sie langsam auch sich selbst.

„Ich fing an, euren Blog zu lesen", schrieb uns Heather einige Monate nachdem wir wieder zu Hause in Oregon waren. „Mir fiel schnell auf, wie stark ihr betont, dass wir nicht zu sehr von unserer eigenen Leistung eingenommen sein sollen – dass es nicht ausreicht, eine Gesellschaft zu beeindrucken, die einen unglaublich niedrigen Maßstab anlegt; dass es nicht ausreicht, aus einem Meer der Mittelmäßigkeit ein bisschen herauszuragen."

Mit dieser Erkenntnis machte sich Heather nicht mehr nur an das, was andere beeindruckte, sondern an wirkliche Herausforderungen, die sie wachsen ließen. In Heathers Fall hieß das, mehr auf andere Menschen zuzugehen und in den kleinen Dingen treu zu sein, die nicht von vielen gesehen wurden.

Der restliche Brief ist ein wunderbares Beispiel dafür, wie man der Selbstzufriedenheitsfalle entkommen und rapide wachsen kann – wenn man das anpackt, was für einen wirklich schwierig ist:

Ich fing an, schwierigere Sachen zu machen als je zuvor. Ich beschäftigte mich wieder neu mit Mentoring, bei dem wir „uns gegenseitig zur Liebe und zu guten Taten anspornen" (Hebräer 10,24). Das Passwort an meinem Arbeitscomputer änderte ich zu „Carpe diem", um mich daran zu erinnern, mir jeden Tag gleich am Morgen mindestens eine Sache einfallen zu lassen, die einen Riss in meine Kuschelecke reißt.

Mitten in dieser Veränderung habe ich außerdem das Buch „Dein Leben ist einmalig" von John Piper gelesen. Im Laufe des Tages kehrten meine Gedanken immer wieder zu der Frage zurück: „Was kann ich heute tun, das Auswirkungen in der Ewigkeit hat?"

Eine der Antworten, die ich von Gott bekam, war, einen monatlichen e-Newsletter für die Leute an meinem Arbeitsplatz zu starten. Er sollte Bekanntmachungen, Geburtstagsglückwünsche, Rezepte, Witze, Ideen für Feiertage und eine ganz deutliche Erklärung des Evangeliums beinhalten. Mit zwei meiner Kollegen konnte ich auch schon Gespräche über Gott und den Glauben führen.

In unserer Gemeinde bin ich bewusst auf Menschen zu-
gegangen, um die ich mich sonst nicht gekümmert hätte,
und bei meinen Freunden habe ich versucht, unsere Unter-
haltungen auf wichtige Themen zu lenken. Auch zu Hause
habe ich Schwieriges versucht – und das können sogar ganz
simple Sachen sein wie ruhig zu bleiben, wenn ich mich nor-
malerweise aufgeregt hätte, oder freiwillig etwas im Haus-
halt zu erledigen.

Hat das mein Leben verändert? Ja, das hat es. Es hat mich
aus meiner Selbstzufriedenheit wachgeschüttelt und mir ein
ganz neues Bewusstsein dafür gegeben, dass ich nur dieses
eine Leben habe und das Beste und Aufregendste daraus ma-
chen will, was möglich ist.

2. Mach dich bekannt für das, was du tust (mehr als für das, was du nicht tust)

Lindsey ist im zweiten Highschool-Jahr – ihr erstes Jahr an einer christlichen Privatschule. Obwohl die Jugendlichen in der Schule fast alle aus „frommen Ställen" kommen, ist Lindsey als „braves Mädchen" bekannt, das scheinbar nie etwas verkehrt macht. Sie schaut sich keine Horror- oder Gewaltfilme an und trägt einen besonderen Ring, mit dem sie ihren Wunsch besiegelt hat, keinen Sex vor der Ehe zu haben. Auch geht sie nicht mit Jungs aus (oder „lässt sich von keinem den Hof machen", wie sie es altmodisch ausdrückt), bis sie einmal bereit ist, zu heiraten. Unter Gleichaltrigen macht sie sich damit nicht unbedingt beliebt, aber ihr ist sowieso wichtiger, was die Erwachsenen in ihrem Leben von ihr halten. Und die loben ihre Beständigkeit – meist im selben Atemzug, wie sie all das „dumme Zeug" beklagen, das andere Teens heute anstellen.

Sie mag es, wenn sie Komplimente bekommt, was für ein „wunderbares Mädchen" sie doch sei. Aber wenn Lindsey ehrlich ist, weiß sie, dass sie sich eigentlich nur durch Dinge auszeichnet, die sie *nicht* tut. Sie geht nicht auf wilde Partys, stiftet keine Unruhe und wird sich auch nicht tätowieren lassen. Da fragt man sich, was sie denn eigentlich *macht*. Geht es im Leben hauptsächlich darum, sich von all dem „dummen Zeug" fernzuhalten oder geht es nicht viel eher darum, „gutes, schwieriges Zeug" für Gott zu tun? Eigentlich weiß Lindsey die Antwort darauf, aber sie ist schon so oft dafür gelobt worden, dass sie so ein nettes, braves Mädchen ist. Reicht das nicht?

Bree, die in Indiana in die Oberstufe geht, hat ihre eigene Erfahrung mit niedrigen Erwartungen gemacht. Zusammen mit anderen Jugendlichen hat sie einige Sozialstunden geleistet und dann ihrer Gemeinde davon erzählt. Nach dem Gottesdienst hörte sie zufällig, wie ein Mann sagte: „Ist es nicht schön, dass diese jungen Leute ihre Zeit nicht mit Haschischrauchen oder Trinken verbringen?"

„Diese Bemerkung hat mich total getroffen", schrieb Bree uns, „weil sich so ein Kleingeist nicht nur in unsere Gesellschaft eingeschlichen hat, sondern auch in unsere Kirchen." Um ein „braves Kind" zu sein, muss man nur kein dummes Zeug machen wie Drogen nehmen, Trinken oder Abfeiern. Aber reicht es uns wirklich, nur für das bekannt zu sein, was wir *nicht* tun? Sollten wir nicht besser für positive Dinge bekannt sein, die wir *tun*?

Gottes Wort ist da eindeutig. Der Maßstab in unserer Gesellschaft, einfach kein dummes Zeug zu machen, ist überhaupt kein Maßstab. Psalm 1,1 sagt uns: „Wie glücklich ist ein Mensch, der sich nicht verführen lässt von denen, die Gottes Gebote missachten, der nicht dem Beispiel gewissenloser Sünder folgt und nicht zusammensitzt mit Leuten, denen nichts heilig ist …" Viele Leute scheinen allerdings nicht weiter zu lesen. Im nächsten Vers steht nämlich: „Wie glücklich ist ein Mensch, der Freude findet an den Weisungen des Herrn, der Tag und Nacht in seinem Gesetz liest und darüber nachdenkt."

Unsere Gesellschaft scheint nur das „Nicht" zu hören und dann abzuschalten!

Charles Spurgeon, der große Prediger aus dem 19. Jahrhundert, sagte dazu: „Vielleicht können sich einige von euch einer Art verneinender Reinheit brüsten, weil ihr nicht auf dem Weg der Sünder geht. Aber ich möchte euch fragen: Habt ihr Freude an der Weisung des Herrn? Studiert ihr Gottes Wort? Macht ihr sein Wort zu eurer rechten Hand, zu eurem treusten Gefährten und ständigem Begleiter?" Wenn nicht, meinte Spurgeon, wirst du auch nicht den Segen von Psalm 1 erleben.

Um nach Gottes Maßstab zu leben und den Segen zu bekommen, den er verspricht, müssen wir mehr tun, als nur Blödsinn zu vermeiden. Wir brauchen uns nur den Leitvers der *Rebelution*, 1. Timotheus 4,12, anschauen: „Niemand soll dich verachten, weil du noch jung bist. Sei allen Glaubenden ein Beispiel mit deinem Reden und Tun, deiner Liebe, deinem Glauben und deiner Reinheit". Es geht nicht darum, alles Mögliche *nicht* zu tun, sondern etwas Wichtiges zu bewegen!

Jason, ein Ü20-er aus Florida, versteht dieses Prinzip nur zu gut. Kurz nachdem wir unseren Blog gestartet hatten, schickte er uns eine E-Mail. Darin erzählte er, dass er in letzter Zeit zu selbstgefällig geworden war. Er machte einfach seinen Job und versuchte, über die Runden zu kommen. „Ich glaube zwar schon, dass ein geregeltes Berufsleben Gottes Wille sein kann", sagte Jason, „aber ich kam mir innerlich leer vor und wusste, dass Gott eigentlich buntere Pläne für mich hatte. Mir war klar, dass da noch mehr sein musste."

Jason merkte: Obwohl er nicht in die falsche Richtung ging, war er auch nicht wirklich auf dem richtigen Weg. Jetzt möchte er einen anderen Gang einlegen und Jura studieren, um sich später für die Lebensrechtsbewegung einsetzen zu können.

Schwieriges anzupacken bedeutete für Jason, neue Herausforderungen anzunehmen, die ihn wachsen lassen würden. Es bedeutete, mehr zu tun, als andere von ihm erwarteten. Es reichte ihm nicht, nur zu existieren; er wollte *leben*.

3. Such keine Ausflüchte, sondern mach was aus dir

Mary ist Highschool-Schülerin im dritten Jahr. Sie meint es mit ihrem Christsein sehr ernst, ist Klassenbeste und Vize-Kapitän der Cheerleader-Truppe. Ihre Eltern, Lehrer und der Jugendpastor haben große Pläne für sie, und Mary ebenfalls. Aber da ihr die Dinge so leicht fallen, hat sie es sich in ihrer Spitzenposition ziemlich bequem gemacht. Sie muss sich nicht selbst sagen, wie toll sie ist, weil andere das für sie tun. Sie liegt klar über dem Durchschnitt, ohne sich anzustrengen. Da sieht sie natürlich keinen Grund, warum sie sich selbst quälen sollte. Mary ist ein Opfer der geringen Erwartungen, die an Begabte gestellt werden. Sie hängt in dem fest, was ihr leicht fällt, weil selbst die Dinge, die ihr leicht fallen, andere noch beeindrucken. In deren Augen hat sie es bereits geschafft. Dabei hat sie das wahre Ausmaß ihres Potenzials noch gar nicht erforscht.

Kurz nachdem wir unseren *Rebelution*-Blog gestartet hatten, bekamen wir den folgenden Brief. Es geht darin um die Bequemlichkeitsfalle, in die Mary gerutscht ist, und er zeigt auch einen Ausweg:

Für Jugendliche, die eine „Rebelution" wollen, liegt eine echte Gefahr darin, dass diese „Besser-als-der-Durschnitt"-Komplimente zum neuen und zu leichten Maßstab werden.

Leider werden wir zu oft für Dinge gelobt, die uns gar nicht besonders schwer fallen. Wenn wir uns auf den Applaus von Leuten stützen, die niedrige Erwartungen haben, bleiben wir schlussendlich doch im Durchschnitt stecken.

Außer diesem Brief haben wir noch viele weitere bekommen, in denen sich Teens über wer weiß wie tolle Auszeichnungen beklagen, die sie in der Schule bekommen, wie zum Beispiel ein besonderes Lob für vorbildliche Mitarbeit. Dabei hatten sie nur ihre Hausaufgaben gemacht und im Unterricht aufgepasst, während alle anderen gefaulenzt haben. „Es ist traurig, wie wenig ich tun musste, um dieses Lob zu bekommen", schrieb ein Mädchen.

Genau wie Mary können wir so davon eingenommen sein, was andere über uns sagen, dass wir Gottes Maßstab aus den Augen verlieren. Wir erreichen unser wahres Potenzial nicht, weil wir nur etwas dicker sein wollen als der Fisch neben uns in unserem kleinen Teich.

Die Teens, die uns geschrieben haben, haben das erkannt und wollen sich ihre Zukunftschancen nicht stehlen lassen, nur weil sie über diese niedrige Messlatte springen konnten. Sie erkannten, dass Gottes Maßstab für uns nicht darin liegt, irgendwo im Mittelfeld herumzudümpeln, sondern „heilig" zu sein, weil er heilig ist (1. Petrus 1,16). Gottes Maßstab für uns ist übrigens auch nicht, auf andere herabzuschauen, sondern „der Diener aller" zu sein (Markus 9,35).

Gott hat den Maßstab so hoch gesetzt, damit wir nicht den Fehler machen, zu niedrig zu zielen. Er hat ihn im Grunde sogar unerreichbar gemacht, damit wir nie behaupten, mit dem Wachstum aufhören zu können.

Wir können Bequemlichkeitsfallen in unserem Leben aufdecken, indem wir uns die folgenden Fragen stellen und sie ehrlich beantworten:

- Welche Bereiche meines Lebens sind mir egal, obwohl sie mir eigentlich nicht egal sein sollten?
- In welchen Bereichen habe ich Gottes Maßstab und mein eigenes Potenzial noch längst nicht erreicht?
- In welchen Bereichen begnüge ich mich damit, halt so über die Runden zu kommen, obwohl ich viel mehr zustande bringen könnte, wenn ich mich bemühen würde?
- In welchen Bereichen habe ich entschieden, dass „es eben immer so bleiben wird", ohne die Art von Mühe aufzuwenden, wodurch sich Dinge wirklich verändern können?

Das sind schwierige Fragen, weil sie niemand für dich beantworten kann. Nur du weißt, wie viel besser du sein kannst, wenn du es wirklich versuchst. Und wenn du es noch nie wirklich versuchst hast, weißt du es selbst vielleicht nicht einmal.

Wenslyn Reyes ist dafür ein anschauliches Beispiel. Von klein auf ist sie in ihrer chinesisch-englischen Kirche auf den Philippinen aktiv dabei gewesen. Als mittlerweile 18-Jährige ist sie die jüngste Pianistin, die jüngste Übersetzerin und die jüngste Bibelstundenleiterin. Alle halten sie für so etwas wie ein Wunderkind, und sie wird ständig gelobt.

„Vielleicht bin ich nicht die perfekte Übersetzerin oder Klavierspielerin", schrieb Wenslyn uns, „aber, wie sie alle so schön sagen, *für mein Alter* bin ich echt gut. Deswegen stehe ich häufig in der Versuchung, mich selbst auch als Wunderkind zu betrachten, und das war's dann."

Die Botschaft, das Schwierige anzupacken, hat Wenslyn herausgefordert, verantwortungsbewusster mit ihren Begabungen umzugehen. Sie denkt, dass ihr frühes Engagement in der Gemeinde sicher ein gutes Sprungbrett für sie ist, um auf lange Sicht weiter zu kommen. Statt nur darauf abzuzielen, „gut für ihr Alter" zu sein, ist Wenslyn fest entschlossen, sich zu verbessern und die Frau zu werden, als die Gott sie gedacht hat.

„Unbequeme Dinge anzupacken bedeutet, um bessere Leistungen zu kämpfen, weil es immer noch etwas Schwierigeres gibt", schreibt sie uns. „Es geht nicht darum, irgendwo anzukommen; es ist ein ständiges Ringen ums Wachstum."

Bei solch einer Einstellung hat Bequemlichkeit keine Chance. Bequemlichkeit stellt sich ein, wenn uns der Antrieb fehlt, wir selbstzufrieden werden und meinen, unser Ziel erreicht zu haben. Wenslyns Ziel ist Wachstum, nicht bloß bei anderen Leuten Eindruck zu schinden.

Sich dem Wachstum zu verpflichten – das versetzt der Bequemlichkeit den Todesstoß.

Für eine weitere Dosis Ermutigung wollen wir gleich mal 150 Jahre in die Vergangenheit springen. Da gab es einen jungen Mann, der nichts hatte *außer* Mittelmäßigkeit und Beschränkungen. Dann entschloss er sich – wie Sarah, Heather, Jason und Wenslyn –, noch mal zu überdenken, was er für gut genug gehalten hatte, und höher zu zielen.

Vom Versager zum Weltveränderer

Als er ein junger Teenie war, hätte keiner von Theodore Roosevelt gedacht, er könne möglicherweise einmal einer der prägenden Präsidenten der Vereinigten Staaten werden. Vom Kleinkindalter an hatte er mit starkem Asthma zu kämpfen. Man fand, dass er zu schwächlich sei, um zur Schule zu gehen und sich gegenüber anderen Jungs behaupten zu können. Auf Anordnung seines Arztes fuhren seine Eltern mit ihm ans Meer und in die Berge, in der Hoffnung, dass die Luftveränderung gegen das Asthma helfen würde. Es schien mehr als unsicher, ob der kränkliche Junge seine Kindheit überstehen würde – ganz zu schweigen davon, dass irgendetwas aus ihm werden würde.

Nun ist es so, dass Theodore „Teddy" Roosevelt nicht nur überlebt hat. Er hat sogar so viel Erfolg im Leben gehabt, wie es nur wenige Männer von sich behaupten können. Er wird im gleichen Atemzug mit George Washington, Thomas Jefferson und Abraham Lincoln genannt. Zusammen mit ihnen wurde sein Gesicht am Mount Rushmore in Stein verewigt.

Mehr als irgendein anderer Zeitgenosse hat Roosevelt Amerika ins 20. Jahrhundert geführt. Im Westen

117

war er ein Cowboy, in New York ein Polizeikommissar, im spanisch-amerikanischen Krieg ein Kriegsheld und später noch der Gouverneur vom Staat New York. Er war der erste Präsident, der ein Flugzeug geflogen und in einem U-Boot untergetaucht ist; der in seinem Haus ein Telefon und ein Auto besaß. Er war der erste Präsident, der sich für den Naturschutz eingesetzt und entsprechende Gesetze erlassen hat. Er war der erste Präsident, der während seiner Amtszeit amerikanischen Boden verließ. Und 1906 bekam er als erster Amerikaner den Friedensnobelpreis verliehen, weil er quasi im Alleingang ein friedliches Ende des Krieges zwischen Russland und Japan ausgehandelt hatte.

Wie schaffte es ein stark kurzsichtiges, asthmatisches Kind, von dem man nicht glaubte, dass es überhaupt seinen 21. Geburtstag erleben würde, so viele unglaubliche Dinge im Leben zu erreichen? Kurz gesagt lautet die Antwort, dass Roosevelt sich als Teenager entschied, den leichten Weg zu verlassen und sich nach dem scheinbar Unmöglichen auszustrecken.

Kurz vor seinem 12. Geburtstag nahm ihn sein Vater beiseite und forderte ihn heraus, sich der „schweren Plackerei" auszusetzen, die nötig ist, um einen kräftigen Körper auszubilden. Überzeugt und entschlossen machte sich Roosevelt an die Arbeit. Stundenlang stemmte er täglich Gewichte, boxte gegen Sandsäcke und mühte sich mit Klimmzügen ab. Seine Schwestern schrieben später, eine ihrer deutlichsten Kindheitserinnerungen sei ihr Bruder gewesen, wie er sich abrackerte, um seinen schwächlichen Körper zu einem Muskelpaket umzuformen.

Das war der Beginn seiner Verwandlung – nicht nur körperlich –, die ihn für den Rest seines Lebens prägte. Jahrzehnte später sagte Roosevelt, dass der größte Erfolg nur einem Mann beschert würde, der „vor Gefahr, Mühsal und harter Arbeit nicht zurückschreckt".

Theodore Roosevelt hat die wichtigste Lektion seines Lebens als Teenager gelernt. Es war eine Entscheidung, die sein ganzes weiteres Leben beeinflusste – beziehungsweise überhaupt möglich machte: Schwieriges anzupacken. Hör mal, was er über das „anstrengende Leben" sagte, wie er es nannte:

Mein Anliegen ist nicht, die Doktrin der unwürdigen Einfachheit zu predigen, sondern die Doktrin des anstrengenden Lebens, eines Lebens der Mühe, der Arbeit und des Kampfes. Ich möchte die höchste Form des Erfolgs predigen, die zu keinem Manne kommt, dem es nur um leichten Frieden geht, sondern zum Manne, der vor Gefahr, Mühsal und harter Arbeit nicht zurückschreckt und der durch diese einen prächtigen, endgültigen Sieg erringt.

Na gut, vielleicht drücken wir uns heute nicht mehr so aus wie Roosevelt. Aber was würde passieren, wenn wir uns seine Werte zu Eigen machen und weit über das hinausgehen würden, was uns einfach so zufällt? Und was würde passieren, wenn eine ganze neue Generation von Teens so leben würde?

Kapitel 07

Zusammen ist man stark

Pack etwas an, was du nicht allein schaffen kannst

Katrina Martin war schon immer an allem interessiert, was mit Kleidung zu tun hat. Schon als Vierjährige schaute sie sich alte Filme an, die eigentlich überhaupt noch nichts für sie waren, nur weil sie die hübschen Klamotten so mochte. Inzwischen ist sie 16. Sie möchte Mode-Designerin werden, hat aber ein kleines Problem: Sie möchte für Modemacher arbeiten, die anständige Kleidung machen.

Ihre Faszination für das, was sie den „vergessenen Wert der Sittsamkeit" nennt, entstand aus ihrer Begeisterung für Mode – sowie aus vielen Gesprächen zwischen Mutter und Tochter spät am Abend, als sie in die Pubertät kam. „Aus dem Wunsch, mich gut anzuziehen, wurde der Wunsch, Gott zu gefallen mit dem, was ich anziehe", erzählte sie uns. „Deswegen wollte ich herausfinden, was es bedeutet, sich anständig zu kleiden. Ich habe viel gelesen und viele gute

Gründe gefunden, warum man sich gerade als Frau nicht zu aufreizend kleiden sollte. Aber alles, was ich las, schien die wichtige Frage zu ignorieren, was *Sittsamkeit* überhaupt ist."

Na ja, das Wort ist nun auch wirklich etwas aus der Mode gekommen. Aber es beschreibt genau das, was Katrina meinte: Eine innere Einstellung, die das Verhalten gegenüber dem anderen Geschlecht beeinflusste – und sich eben auch in der Art der Kleidung niederschlug.

Katrina war sich sicher, dass andere Mädchen auch so empfanden, und sie hätte zu gern gewusst, was Jungs so über dieses Thema dachten. Von einigen Freunden wusste sie es, aber am liebsten hätte sie eine große Umfrage unter Jungs gemacht. Aber wie und wann und wo sollte das passieren? Sollte sie sich einfach mit einem Klemmbrett ins Kirchenfoyer stellen?

Katrina fand, dass sie hier mit einem wichtigen Thema befasst war. *Was denken christliche Jungs wirklich darüber, wie sich Mädchen anziehen? Was ist in den Augen eines Jungen anständig?* Sie dachte, wenn sie gut begründete Antworten darauf fände, könnte sie wirklich etwas bewegen. Aber sie wusste nicht, wie und wo sie anfangen sollte.

Die Herausforderung war einfach zu groß, als dass ein einzelnes Mädchen sie meistern konnte.

Wenn du je eine Idee hattest, die einfach zu groß für dich war, oder ein Projekt zu erledigen hattest und nicht einmal wusstest, wo du anfangen sollst, kannst du wahrscheinlich nachempfinden, wie es Katrina ging. Es gibt schwierige Sachen, die man einfach nicht allein tun kann. Wir nennen sie „Megaschwieriges", und in diesem Kapitel geht es darum, wie man so etwas am besten angeht.

Megaschwieriges reicht von Katrinas Umfrage-Idee bis zu Dingen wie ein Konzert in deiner Kirche oder Schule zu organisieren, einen Film zu drehen, eine „Tafel" für die Obdachlosen in deinem Ort anzukurbeln, eine Kampagne gegen eine geschmacklose Fernsehsendung zu starten oder eine Band zu gründen. Megaschwere Dinge können auch *wirklich* große Angelegenheiten sein, zum Beispiel der Einsatz gegen moderne Formen der Sklaverei, Abtreibung, Armut oder Aids. In Kapitel 10 und 11 werden wir uns diese Art von Megaschwierigem noch näher anschauen.

Leider geben wir im Allgemeinen bei Megaschwierigem – mehr als bei allem anderen Schwierigen, was wir in diesem Buch behandeln – meist schon auf, bevor wir es überhaupt versucht haben. *Das ist zwei Nummern zu groß für mich. Klappe zu, Affe tot.*

Wir müssen anfangen, anders über große Projekte und große Ideen zu denken. Anstatt uns auf unsere Beschränkungen als Einzelpersonen zu konzentrieren, sollten wir doch viel lieber einen Schritt zurückgehen, uns umschauen und fragen: „Wer ließe sich dazu motivieren, die Sache *mit* mir in Angriff zu nehmen?" Wie du in diesem Kapitel sehen wirst, eröffnet die Antwort auf diese Frage ganz neue Möglichkeiten für Rebelutionäre. Die Antwort lautet: „Zusammen ist man stark" – eine der drei Säulen der *Rebelution*.

Ein anderes Wort ist Teamwork oder auch Zusammenarbeit. Zusammenzuarbeiten – darum geht es hier.

Kraft in der Masse

Gerade wir Amerikaner haben manchmal die Vorstellung, dass wir uns in der Geschichte behaupten konnten, weil harte Helden ihren Mann gestanden, alles im Alleingang erledigt, kaum ein Wort gesprochen und ihren Whiskey pur getrunken haben. Uns wird eingetrichtert, den Rebellen, den Einzelgänger, den Querdenker zu bewundern. Aber die Fakten lassen darauf schließen, dass der Erfolg eines Landes – genau wie bei Firmen, Armeen, Universitäten, Sportteams, Kirchen und Familien – hauptsächlich davon abhängt, ob Leute sich finden und gut zusammenarbeiten: ein gemeinsames Ziel vor Augen haben und dann gemeinsam arbeiten, um es Wirklichkeit werden zu lassen.

Dabei ist es natürlich extrem wichtig, mit wem wir zusammenarbeiten. Die Bibel sagt uns immer wieder, dass wir das Richtige *mit den richtigen Leuten* tun sollen. Zum Beispiel sagt Paulus in 2. Timotheus 2,22 zu Timotheus: „Hüte dich vor den Leidenschaften, die einen jungen Menschen in Gefahr bringen. Bemühe dich um Gerechtigkeit, Glauben, Liebe und Frieden, zusammen mit allen, die sich mit reinem Gewissen zum Herrn bekennen."

Uns gefällt dieser Vers so gut, weil er die Mentalität der *Rebelution* einfängt: gegen geringe Erwartungen zu rebellieren („Hüte dich vor den Leidenschaften, die dich in Gefahr bringen"), Schwieriges anzupacken („Bemühe dich") und sich die Kraft der Teamarbeit zunutze zu machen (*„zusammen mit allen,* die sich mit reinem Gewissen zum Herrn bekennen").

Laut einer Studie mit Pferden kann ein einzelnes Pferd durchschnittlich 1.100 kg ziehen. Dasselbe Experiment wurde dann mit zwei Pferden zusammen wiederholt. Man würde meinen, dass sie doppelt so viel ziehen können – ungefähr 2.200 kg. Aber das ist nicht der Fall. Zwei Pferde können zusammen mehr als *5.500 kg* ziehen! Das ist das *Fünffache* von dem, was ein einzelnes Pferd schafft!

Wären die Ergebnisse gleich gewesen, wenn die Forscher statt der Pferde zwei Autos genommen hätten? Das ist stark zu bezweifeln. In uns Lebewesen gibt es etwas, das sich aufrappelt und viel mehr erreicht, wenn es Teil eines Teams ist.

Gott hat uns alle (nicht nur Pferde) so gemacht, dass wir effektiver sind, wenn wir mit anderen zusammenarbeiten. Die Bibel warnt uns sogar, wie gefährlich es sein kann, sich von anderen zu isolieren. In Hebräer 10,24-25 steht: „Und wir wollen aufeinander Acht geben und uns gegenseitig zur *Liebe* und zu guten Taten anspornen. Einige haben sich angewöhnt, den Gemeindeversammlungen fernzubleiben. Das ist nicht gut; vielmehr sollt ihr einander Mut machen." Sprüche 18,1 sagt das sogar noch unverblümter: „Der Eigenbrötler tut nur, was ihm in seinen Kram passt; heftig wehrt er sich gegen jede bessere Einsicht."

Leute, die alles im Alleingang machen wollen, verpassen außerdem die umwerfenden Vorteile von Beziehungen. In Prediger 4,9–12 heißt es:

Zwei sind allemal besser dran als einer allein. Wenn zwei zusammenarbeiten, bringen sie es eher zu etwas. Wenn zwei unterwegs sind und hinfallen, dann helfen sie einander wieder auf die Beine. Aber wer allein geht und hinfällt, ist übel dran, weil niemand ihm helfen kann. Wenn zwei beieinander schlafen, können sie sich gegenseitig wärmen. Aber wie soll einer allein sich warm halten? Ein einzelner Mensch kann leicht überwältigt werden, aber zwei wehren den Überfall ab. Noch besser sind drei; es heißt ja: „Ein Seil aus drei Schnüren reißt nicht so schnell."

Als 17-Jähriger beschloss Jeremy Blaschke, zusammen mit seiner Jugendgruppe genug Geld aufzutreiben, um einem Zentrum für Krisenschwangerschaften ein Ultraschallgerät zu spenden. Im Nachhinein sagt er, dass er nicht gecheckt hatte, worauf er sich da einließ.

„Ich hatte noch nie so viel Geld auf einem Haufen gesehen", erzählte er uns, womit er die 25.000 Dollar meinte, die ein Ultraschallgerät kostete. „Ich hatte überhaupt keine richtige Vorstellung davon, wie viel das ist und was es für ein Vorhaben war, so eine Summe zu beschaffen."

Nach einer Benefizaktion auf dem örtlichen Jahrmarkt und einer weiteren in Jeremys Gemeinde hatten sie 3.200 Dollar – und ihre Stimmung war gut. „Ich dachte damals, dass wir das schon hinbekommen würden. Ich rechnete mit wenigen Monaten", sagte Jeremy.

Stattdessen gestaltete sich die Sache schwieriger. Aus dem Frühling wurde Sommer und aus dem Sommer Herbst. Aber durch ihre Zusammenarbeit erreichte Jeremys Gruppe genau ein Jahr nach dem Start ihr Ziel – und sogar mehr. Die 32.000 Dollar, die sie aufbrachten, reichten nicht nur für das Ultraschallgerät, sondern auch noch für die Schulung, die zur Bedienung des Geräts nötig war.

Jeremy hebt immer den Einsatz seiner Schwester Diana und zweier seiner besten Freunde hervor. „Allein hätte ich das nicht geschafft", sagte Jeremy. „Da wäre zu schnell Frust oder Langeweile aufgekommen, oder mir wäre einfach die Puste ausgegangen. Sie haben mir die nötige Unterstützung und Ermutigung gegeben."

Jeremys Erfahrung ist ein gutes Beispiel dafür, wie toll es ist, wenn wir „zusammen mit allen" arbeiten, die ebenso wie wir den Wunsch haben, etwas Besonderes mit ihrem Leben anzufangen.

Für eine gründlichere Analyse der Zusammenarbeit von Teens – sowie einiger ihrer besonderen Herausforderungen – wollen wir auf eine unserer Lieblingsgeschichten in Sachen Teamarbeit zurückkommen: wie Katrina die Antwort auf ihre Fragen zum Thema „Sittsamkeit" bekam.

„Dürfte ich einige Fragen posten?"

Im September 2006 stolperte Katrina zufällig über unsere Website TheRebelution.com und meldete sich beim Forum an. Es dauerte nicht lange, bis sie an einer Diskussion über anständige Kleidung auf den „Girls Only"-Seiten teilnahm. Und da hatte sie eine Idee: Bei so vielen gleichgesinnten christlichen Teens auf einer Website könnte man doch mit der Umfrage starten.

Als wir ihre Anfrage bekamen, wussten wir zunächst nur, dass ein 15-jähriges Mädchen aus Massachusetts wissen wollte, was christliche Jungs über anständige Kleidung denken. Sie schrieb:

Ich glaube, dass Mädchen sich gegenseitig anders wahrnehmen, als Jungs es tun. Wäre es möglich, einige Fragen zu posten, in denen es darum geht, was Jungs als anständig bzw. zu aufreizend empfinden?

Wir schrieben ihr zurück und sagten, dass es durchaus eine *Möglichkeit* sei, solange die Fragen und Antworten anonym gepostet werden und der Austausch in den geschlossenen Foren der Jungs und Mädchen stattfindet. Wenige Tage später bekamen wir eine ähnliche Anfrage von einem anderen Mädchen. Als wir die Idee im Forum erwähnten, ernteten wir Begeisterung.

So entschlossen wir uns, die Sache auszuprobieren. Katrina machte einen neuen Thread auf den Mädchenseiten auf, wo Leserinnen ihre Fragen einreichen konnten, die sie an Jungs hatten. Innerhalb einer Woche hatten wir 350 Fragen von Hunderten von Mädels auf der ganzen Welt. Von Lipgloss über Badeanzüge bis hin zu Tank Tops – bei allem wollten sie wissen, wie Jungs das sehen. Auch stellten sie offene Fragen wie: „Was, denkst du, ist deine Verantwortung als Junge in diesem Bereich?"

Zusätzlich zu dem Thread im Forum bekam Katrina jeden Tag Dutzende von E-Mails. „Mein Posteingang wurde regelrecht überflutet", sagte sie. „Ich war echt überrascht, dass sich *so viele* Mädchen genau die gleichen Fragen stellten wie ich."

Wir merkten: Da waren wir etwas Wichtigem auf der Spur. Eindeutig ging es hier nicht nur um Katrinas persönlichen „Sittsamkeits-Spleen". Auf der ganzen Welt wollten christliche Mädchen verstehen, welchen Einfluss ihr Erscheinungsbild auf Jungs hat. Und sie hatten eine Menge Fragen.

Nachdem wir darüber gebetet und mit unseren Eltern gesprochen hatten, beschlossen wir, es mit einer Online-Umfrage zum Thema zu versuchen. Aber wie? Allein schon das Format für die Fragen an die Jungs war eine beängstigende Aufgabe. Wir brauchten dafür ein sicheres System, das die Antworten sammeln und rückverfolgen konnte. Keiner von uns wusste jedoch, wie man so etwas macht, und wir hatten nicht genug Geld, um es von einem Profi machen zu lassen.

Die Rettung kam in Form von David Boskovic, ein rebelutionärer Technik-Crack aus Kanada, der uns einige Monate zuvor geholfen hatte, unsere Website auf die Beine zu stellen. Zwischen Hausaufgaben, Kühe melken und der Leitung des Familienunternehmens erklärte sich David bereit, ein professionelles Umfrageprogramm zu gestalten, das „denken" konnte. Es war derart gut, dass sich Meinungsforscher aus New York mit uns in Verbindung setzten und fragten, welches Unternehmen das Programm für uns erstellt hätte! Du kannst dir vorstellen, wie überrascht sie waren, als wir ihnen sagten, dass es ein 18-Jähriger entwickelt hat – und dass er es innerhalb eines Monats von Null aufgebaut hatte.

Das Programm konnte zurückverfolgen, welche Fragen der Teilnehmer beantwortet hat, und ermöglichte, dass man die Umfrage nicht gleich auf einmal fertig machen musste. Jede Frage wurde in eine Aussage umformuliert (z. B.: „Bikinis sind total aufreizend"), und die Jungs konnten dann auf einer Fünf-Punkte-Skala den Grad ihrer Zustimmung anzeigen. Bei jeder Frage gab es auch ein Kommentarkästchen, in dem man seine Antwort erläutern konnte. Zusätzlich hatten viele Fragen noch Links und Dialogfenster mit Foto-Illustrationen und Definitionen, die von Sarah, unserer 15-jährigen Schwester, und einem Team von Mädchen aus dem Forum zusammengestellt wurden. Denn mal ehrlich: Wie viele Jungs wissen schon, was Boleros oder Louboutins sind?

Am 8. Januar 2007 eröffneten wir offiziell die Umfrage. Wie erhofften uns mindestens 100 männliche

Teilnehmer. Super wären 1.000 gewesen, aber das erschien uns unrealistisch.

Überraschenderweise bekamen wir schon am ersten Tag von 120 Jungs Rückmeldung, und nach drei Wochen hatten wir 1.700 Teilnehmer aus 48 amerikanischen Staaten und 26 anderen Ländern. Zusammengenommen hatten sie 160.000 Antworten eingereicht, einschließlich 25.000 Textantworten.

Die nächste Aufgabe bestand darin, die gesammelten Daten zu verarbeiten. Wir wollten die Ergebnisse am Valentinstag bekannt geben, als Geschenk an alle Mädchen, die sich um ein anständiges Erscheinungsbild bemühen. Das ließ uns nur zweieinhalb Wochen Zeit, um uns durch 3.290 Seiten Material zu wühlen. Zum Glück gestattete uns Davids unglaubliche Programmierung, die Ergebnisse automatisch auszuarbeiten. Dadurch konnten wir unsere Aufmerksamkeit den Textantworten widmen und für jede Frage die besten Antworten aussuchen.

Zwei Wochen lang war unser Wohnzimmer übersät mit Stapeln von Umfrage-Ergebnissen, und überall lagen Textmarker, Stifte und Büroklammern herum. Nachdem wir uns mehrere Nächte um die Ohren geschlagen und manchmal 36 Stunden am Stück gearbeitet hatten, gaben wir die Ergebnisse bekannt. Inzwischen hatten sich 130 Teenager gemeldet, die die Umfrage in ihren Blogs erwähnen, Rundmails verschicken oder Infoblätter in der Schule oder ihrer Gemeinde verteilen wollten.

Dann warteten wir.

Die ersten Anzeichen waren *nicht* ermutigend. Ungefähr eine Stunde, nachdem wir die Ergebnisse ins Netz gestellt hatten, wurde uns gesagt, unsere Website habe Ladeschwierigkeiten. „Das ist ja komisch", dachten wir. „Unser Server ist eigentlich ziemlich schnell. Was ist los?"

Hier sind die Ereignisse, wie Katrina sie erlebt hat:

Als ich [an dem Morgen] *den Link zu den Ergebnissen finden wollte, brauchte die Website bestimmt fünf Minuten, um zu laden. Ich fand das sehr merkwürdig, und als ich sie endlich auf dem Bildschirm hatte, sagten die Leute im Forum immer wieder, dass die Umfrage sich ständig aufhängte oder abstürzte. In meiner Unwissenheit, was das Internet betrifft, dachte ich, dass vielleicht 200 Leute gleichzeitig die Seite besuchten.*

Später chattete ich mit einer Freundin, die meinte, dass in der ersten Stunde 10.000 Leute oder so auf der Seite waren. So viele Besucher hatte der Server nicht verkraftet.

Ich konnte das kaum glauben und war so aufgeregt, dass ich trotz Halsschmerzen und Fieber durchs Haus sprang und rief: „Zehntausend Leute in der ersten Stunde!" Meine Schwester drohte, sie würde mir mit dem Serviertablett eins auf den Kopf geben, wenn ich nicht mit dem Geschrei aufhörte!

Erst später bekamen wir einen ausführlichen Bericht von David: Obwohl der Server über eine Stunde lang nicht zur Verfügung stand, wurde die Umfrage in den ersten 12 Stunden 420.000-mal aufgerufen.

Ist das nicht gewaltig? Hunderte von Kommentaren und E-Mails kamen, die fast alle Dank ausdrückten. Oft kam das Echo von Mädchen, die hin und weg waren, dass so viele Jungs ihr Bemühen, sich anständig zu kleiden, zu schätzen wussten – und es ihnen so wichtig war, dass sie an der Umfrage teilgenommen hatten. Am besten hat uns jedoch das Echo von Katrina selbst gefallen, in dem sie Bilanz zieht, was aus ihrer ernst gemeinten Frage und kleinen Idee entstanden ist:

Ich war überwältigt, was für eine große Sache diese Umfrage wurde. Sie hatte mit meiner kleinen Idee begonnen und weitete sich zu einem Projekt aus, an dem Tausende von Leuten beteiligt waren.

In der Umfrage geht es nicht um religiöse Gesetze; sie hat keine „Regeln" etabliert. Vielmehr gewähren die Antworten Mädchen Einblick in die Köpfe von Jungs. So etwas hätte ich niemals allein machen können.

Ich hatte schon immer den Wunsch gehabt, etwas Positives auszurichten. Irgendwie wollte ich christliche Mädchen ermutigen, sich angemessener anzuziehen, aber eine derart einflussreiche Sache hatte ich mir nie träumen lassen.

Es war das erste Mal, dass sich mir ein großer Traum erfüllte.

Wir kennen das tolle Gefühl bereits, das man hat, wenn der gemeinsame Erfolg alles in den Schatten stellt, was man allein hätte tun können. In dieser Umfrage, im Rennen ums Landgericht von Alabama und bei den Konferenzen unserer *Rebelution*-Tour ist das immer und immer wieder passiert.

Dabei haben wir einige Dinge über Teamarbeit gelernt, die wir gerne mit dir teilen würden. Vielleicht helfen sie dir, wenn du dich einer wichtigen Aufgabe verschreibst, die du nicht alleine tun kannst.

10 Dinge, die wir über Teams gelernt haben

In einem großen Buchladen wirst du ganze Regale mit Büchern finden, in denen es um Teamarbeit geht. Selbstverständlich können wir nicht mit Autoren konkurrieren, die in diesem vielschichtigen Thema viel weiter und erfahrener sind als wir. Außerdem müssen wir nicht noch mal schreiben, was schon in anderen schlauen Büchern steht. Wir haben lediglich eine junge Perspektive darauf, wo man anfangen kann, wie man häufige Fallgruben umgeht und wie man sich die Kraft der Teamarbeit zunutze macht, um Megaschwieriges anzupacken.

1. Fang mit Fragen an
Zunächst musst du dir einige wichtige Fragen stellen:

- „Was sagt Gott zu dieser Idee?"
- „Was sagen meine Eltern und andere Vertrauenspersonen dazu?"

- „Werde ich die Sache selbst leiten? Wenn nicht, wie kann ich dann die Dinge in Bewegung bringen?"
- „Was sind meine persönlichen Stärken und Schwächen?"
- „Kenne ich Leute, die meine Lücken füllen können, was Fähigkeiten und Wissen betrifft?"
- „Ist mir die Sache wichtig genug, dass ich nicht nur anfange, sondern es durchziehe, egal was kommt?"

Wie du bei Katrina gesehen hast, öffnet Gott oft die nötigen Türen, wenn man den ersten Schritt macht. Vielleicht bekommst du überall grünes Licht, vielleicht aber auch gelbes Licht oder sogar rotes. Wichtig ist, dass du vor dem Startschuss fragst – und gut zuhörst.

2. Sei mit Weisen unterwegs

Du solltest dir gleich zu Beginn die verlässliche Unterstützung von Älteren und Weiseren suchen. Einer unserer Lieblingsverse über Teamarbeit steht in Sprüche 13, Vers 20: „Wer sich zu Klugen gesellt, wird klug; wer sich mit Dummköpfen befreundet, ist am Ende selbst der Dumme." Er erinnert daran, dass Freunde entweder ein Fluch oder ein Segen sein können. Das kommt darauf an, ob sie weise oder dumm sind. Wahrscheinlich kennst du das alte Sprichwort: „Man ist, was man isst." Genauso gut könnte man sagen: „Man ist wie die, mit denen man zusammen ist." Wenn du weise und charakterfest werden möchtest, dann solltest du dir Freunde mit ebensolchen Eigenschaften suchen.

Mit den Weisen unterwegs zu sein heißt, Zeit mit Leuten zu verbringen, die älter, erfahrener und reifer sind als man selbst. Das ist ein Grund dafür, warum wir es so wichtig finden, Mitglieder in einer örtlichen Kirchengemeinde zu sein. Das ist nämlich die Anlaufstelle Nr. 1 für weise und charakterfeste Begleitung.

Weise Begleitung ist für Teamarbeit besonders wichtig. Sprüche 20,29 besagt, dass der Pluspunkt der Jungen „ihre Kraft" und der Bonus der Alten ihr „graues Haar" ist. Wir Teens sind voller Energie, aber wir wissen nicht immer so ganz, was wir sinnvollerweise damit anfangen sollen; ältere Menschen haben meist größere Einsicht, besitzen jedoch nicht immer die nötige Energie oder Zeit, um sie bestmöglich zu nutzen.

Das Wunderbare an der Teamarbeit zwischen Jung und Alt ist, dass wir Kraft mit Weisheit verbinden können – eine todsichere Methode, um etwa Wichtiges zu Stande zu bringen.

3. Unterschätz nicht den Heimvorteil

Die Familie ist ein Übungsfeld für Teamarbeit, das die meisten Teens völlig verpassen, obwohl sie täglich davon umgeben sind. Gott hat dir deine Eltern als deine Hauptmentoren an die Seite gestellt, und wenn du kein Einzelkind bist, können deine Geschwister zu den besten Team-Mitgliedern gehören.

Denk an die Geschichten in diesem Kapitel: Katrinas größter Unterstützer und Mentor war ihre Mutter; Jeremys wichtigste Helferin war seine Schwester

Diana. Dieses Muster haben wir bei unseren eigenen Erfahrungen und denen unzähliger anderer Teens immer und immer wieder gesehen.

Die *Rebelution*-Konferenzen werden von Teens für Teens gemacht. 2007 waren Joanna Griffith und Marshall Shermann, die Koordinatoren der Veranstaltungen in Denver und Dallas vor Ort, jeweils 17 und 16 Jahre alt. Sie organisierten die Halle und stellten ein Team zusammen, das als Ordner, Platzanweiser, Bühnenhelfer usw. fungierte. „Publicity-Manager", die erst 13 waren, warben in den Schulen, Lokalzeitungen und Gemeinden für unsere Veranstaltung. Robert Anderson, der sich in Denver um Aufbau und Logistik kümmerte, war damals 14.

Aber auch wenn Teens die Verantwortung tragen, ist so etwas eine Familienangelegenheit. Joannas Eltern haben für sie zahllose Besorgungen gemacht sowie die Büchertische und die Kasse besetzt. Susanna, Joannas Schwester, war für das leibliche Wohl verantwortlich. Sie organisierte Mittagessen, Getränke und Snacks für mehr als 500 Menschen.

Joannas andere Geschwister halfen, Besorgungen zu machen, Kisten zu schleppen, Namenskarten in Plastikschilder zu stecken und bei gefühlten 1.000 anderen Aufgaben.

Bei vielen unserer Konferenzen haben wir nicht nur unseren Vater als einen der Hauptredner gebucht, sondern auch unseren älteren Bruder Joel als Lobpreisleiter. Was Organisation, Zeitpläne, Materialbeschaffung und Buchhaltung betrifft – und alles, was sonst noch dazugehört –, hat unsere Mutter den totalen Überblick. Unsere Schwester Sarah hilft bei der Koordination der freiwilligen Helfer, erledigt Telefonate, beantwortet E-Mails, faltet und ordnet Hunderte von *Rebelution*-T-Shirts, bastelt Namensschilder und ist die rechte Hand unserer Mutter. Isaac, unser 13-jähriger Bruder, ist ein Allroundtalent. Vor den Veranstaltungen ist er für den Versand der Broschüren verantwortlich. Er verpackt, adressiert und verschickt Hunderte von Umschlägen an Teens im ganzen Land. Selbst unser 7-jähriger Bruder James ist unverzichtbar. Bei der 2007-Konferenz in Indianapolis befestigte er stundenlang mit einigen wenig älteren Freiwilligen mehr als 2.000 Stühle aneinander und ordnete sie in gleichmäßigen Reihen an.

Nebenbei gesagt: Wenn wir Jüngere mit uns zusammen arbeiten lassen, tun wir genau das für sie, was wir von unseren älteren Mentoren geschenkt bekommen: Wenn die Jüngeren mit uns zusammen sind, dann sind sie sozusagen „mit den Weisen" unterwegs. Sie lernen, wie und warum man Schwieriges anpacken soll und was man gemeinsam alles auf die Beine stellen kann. Und wir haben begeisterte Helfer, die vor Energie übersprühen. Jeder profitiert.

Natürlich sind wir uns bewusst, dass nicht jeder so eine Familie hat wie wir, und glaub uns, auch unsere Familie ist nicht perfekt. Aber hoffentlich zündet bei dir der Funke, dass eine Familie ein Team sein kann. Wenn das, aus welchen Gründen auch immer, in deiner Familie nicht geht, dann kannst du vielleicht bei anderen Familien mitmachen – und das Gelernte später bei deinen eigenen Kindern umsetzen.

4. Nutze die technischen Möglichkeiten

Einer der größten Vorzüge moderner Technik ist die Möglichkeit, jede Menge Kontakte mit Gleichgesinnten zu knüpfen, egal wo man ist. Viele unserer besten Freunde haben wir hauptsächlich übers Internet kennengelernt, was uns nicht davon abgehalten hat, bei einigen spannenden Projekten zusammenzuarbeiten.

Die „Sittsamkeits"-Umfrage ist da ein Musterbeispiel; die Kampagnen in Alabama ein weiteres. Für das Web-Design eines Kandidaten haben wir zwei Rebelutionäre angeheuert, Jake Smith und Alex King. Alex und Jake leben in zwei völlig unterschiedlichen Teilen der USA. Sie sind sich noch nie persönlich begegnet, liefern aber gemeinsam erstklassige Arbeit ab.

Dieselben beiden Jungs haben außerdem zusammen mit anderen Internetkumpels *„Regenerate Our Culture"* gegründet, ein Online-Magazin, Podcast und Blog-Netzwerk für Teens. Zwei Jahre lang hat es jugendliche Schriftstellertalente, Redakteure und Radiomoderatoren aus aller Welt zusammengebracht.

Seit wir *TheRebelution.com* gestartet haben, melden sich ständig Jugendliche bei uns, die dachten, sie wären die Einzigen, die eine andere Vorstellung von der Jugendzeit haben. Sie drücken uns ihren Dank und ihre Erleichterung aus, dass sie endlich eine Gemeinschaft gleichgesinnter Teens gefunden haben. Und das passiert alles online. Also: Die technischen Möglichkeiten heutzutage sind grandios – nutze sie!

5. Nimm dir konstruktive Kritik zu Herzen

Gleich in der Anfangsphase der „Sittsamkeits"-Umfrage haben wir Familie und Freunde um Feedback gebeten. Wie man sich anziehen sollte ist ein heikles, weil sehr persönliches Thema, und wir brauchten Hilfe, um die Fragen richtig zu formulieren. Auch waren wir uns bewusst, dass man die Umfrage-Ergebnisse leicht als Regelkatalog missverstehen könnte. Ein Haufen Jungs sagt Mädchen, wie sie sich anzuziehen haben … och nö! Das wollten wir nicht.

Glücklicherweise haben wir bei der Gestaltung der Umfrage wirklich konstruktiven Input bekommen. Dadurch konnten wir in den Wochen vor der Umfrage noch vieles verbessern und ändern, was sonst sicher zu einem schlechteren Ergebnis geführt hätte. Klar, auch konstruktive Kritik fühlt sich meist nicht besonders gut an, wenn man sie bekommt. Wir hätten leicht negativ auf die Kritik reagieren können und hatten manchmal auch echt Lust dazu. Aber ohne die Korrekturen hätten wir zum Schluss vielleicht mehr Schaden angerichtet als Gutes getan.

6. Ehre, wem Ehre gebührt

Wir haben oft erlebt, wie Stolz (zum Beispiel in Form von der Sucht nach Anerkennung) die Ziele eines

Teams blockieren kann. Wie vermeidet man das? Wir empfehlen, gekränkte Gefühle so zügig und respektvoll wie möglich anzusprechen. Wir empfehlen außerdem, dass euer Team das Motto „Ehre, wem Ehre gebührt" haben sollte. Dadurch lernen die Mitglieder des Teams, ein Auge für die Bedürfnisse und Erfolge der anderen zu haben – und so kann man viel besser und angenehmer zusammenarbeiten.

Bei der „Sittsamkeits"-Umfrage hätte jeder von uns das ganze Projekt ruinieren können, wenn einer die ganze Anerkennung für sich hätte haben wollen. Katrina hätte eine größere Rolle für sich beanspruchen können; immerhin war es ja *ihre* Idee gewesen. Wir hätten „Ruhm und Ehre" allein einheimsen können; immerhin war es *unsere* Website. Und David hätte dasselbe tun können (sowie einen Haufen Geld von uns verlangen, das wir nicht hatten); immerhin war es *sein* geniales Umfrage-Programm, und ohne ihn wäre nichts von alledem zustande gekommen.

Zum Glück hat keiner so etwas getan. Stattdessen haben wir uns alle auf ein Ziel ausgerichtet, von dem wir überzeugt waren, und Tausende von Menschen haben davon profitiert.

7. Andere Menschen sind auch nur Sünder
Wohl der schwierigste Aspekt der Zusammenarbeit ist, dass man wirklich mit anderen *zusammen*arbeiten muss. Verstehst du, was wir meinen? Selbst die nettesten, bemühtesten Christen haben ihre Fehler. Das soll

heißen: Sie sind manchmal schwierig, wenn nicht sogar unmöglich. Und wenn Menschen müde, frustriert und unter Druck sind, bringt das meist ihre schlechteste Seite ans Licht. Deshalb erfordert Megaschwieriges Geduld, Demut und einen schier unbegrenzten Nachschub an Vergebungsbereitschaft.

Die Geschichten von Katrina und Jeremy gefallen uns unter anderem deshalb so gut, weil da megaschwierige Sachen von einer Gruppe ganz gewöhnlicher Teens auf die Beine gestellt wurden. Man braucht für megaschwierige Aktionen keine Superhelden oder besonderen Heiligen. Alles, was man braucht, ist eine Handvoll Gleichgesinnter, die zusammen diese Sache hinkriegen wollen und auf dem Weg zum Ziel jede Menge Nachsicht miteinander haben.

8. Mach dich auf ein oder zwei Albträume gefasst

Bei der Entwicklung der Umfrage – und auch bei den Kampagnen in Alabama – gab es ständig Missverständnisse, Meinungsverschiedenheiten und dumme Patzer. Manchmal passierte Unmögliches, Unglaubliches und unglaublich Katastrophales, und natürlich alles gleichzeitig. Als wir zum Beispiel die Verteilung von 120.000 Wahlkampfbroschüren organisierten – für eine Großveranstaltung, bei der mehrere Hunderttausend Menschen zusammenkamen! –, hatten wir mit mehr als nur einem Desaster zu kämpfen.

Zunächst einmal vergaßen die 50 College-Studenten, die aus vier verschiedenen Staaten zum Helfen angereist kamen, dass sie teilweise die Zeitzone wechselten. Deshalb kamen sie eine Stunde früher an als erwartet. Wir hatten noch keine Anmeldeformulare für sie bereit und die Pizza war noch nicht geliefert. Ein schlechter Anfang.

Dann merkten wir, dass es eine dicke fette Fehlinformation gegeben hatte. Der Professor der Studenten hatte ihnen gesagt, sie würden im Wahlkampf des Gouverneurs mithelfen, nicht im Wahlkampf um das Landgericht. Als sie sich bewusst wurden, dass es um das Landgericht ging, waren sie enttäuscht, und einige regten sich tierisch darüber auf. Sie fühlten sich übers Ohr gehauen, und ein paar wollten auf der Stelle wieder gehen.

Zu dem Zeitpunkt waren nur drei Mitglieder des Wahlkampfs vor Ort: wir beide und Jonathan Monplaisir, ebenfalls 17. Wir wollten am liebsten im Boden versinken und sterben. Dann fanden die College-Studenten heraus, wie alt wir waren – und dass wir die Leitung das Ganzen hatten. Es kam uns vor, als könnten die Dinge gar nicht schlimmer werden. Und glücklicherweise taten sie das auch nicht.

Nach einer Menge Telefonate schafften wir es, die Kandidaten an Ort und Stelle zu bekommen, um die Studenten zu motivieren. Dann riefen wir den Professor an, der erklärte, dass der Fehler bei ihm gelegen hatte und es genauso wichtig sei, unsere Kandidaten zu unterstützen, wie den Wahlkampf des Gouverneurs.

Im Laufe des Abends berappelten wir uns wieder. Wir beschafften Pizza für die hungrigen Studenten, sammelten mehr als 1.000 Unterschriften für den Wahlkampf, luden Zehntausende Broschüren in Busse und verfrachteten alle Helfer sicher in ihre Übernachtungsquartiere. Verglichen mit den ersten paar Stunden liefen die darauffolgenden zwei Tage wie am Schnürchen.

Albträume kommen vor. Aber sie sollten uns nicht überraschen. Am besten nimmt man sich die Warnung also zu Herzen und gerät nicht in Panik, wenn es passiert. Uns ist sogar aufgefallen, dass sich Albträume wahnsinnig positiv auf unser Gebetsleben auswirken und wir im Blitzverfahren eine Menge lernen. Also mach dich auf Schwierigkeiten gefasst und sieh sie als Herausforderungen!

9. Gib nicht auf

Erfolgreiche Zusammenarbeit erfordert, dass viele Menschen über einen längeren Zeitraum hinweg an einem Strang ziehen. Das braucht Ausdauer.

Katrina hätte ihre große Idee ganz leicht aufgeben können, bevor sie Wirklichkeit wurde. Sie kannte niemanden, der ihr helfen konnte. Selbst in unserem Forum löste die Idee, Jungs über das Thema Kleidung zu befragen, anfangs nicht gerade Begeisterungsstürme aus. Einige Mädchen befürchteten, dass eine öffentliche Diskussion über das Thema ganz schön peinlich sein könnte. Beinahe gab Katrina die Idee völlig auf, aber ihre Mutter ermutigte sie, uns direkt anzusprechen. „Das erforderte etwas Überzeugungskraft", sagt sie heute, „aber ich bin super froh, dass ich nicht aufgegeben habe."

10. Der Erfolg kommt (nicht nur auf einem Weg)
Wir haben gemerkt, dass es bei Teamarbeit nicht nur darum geht, etwas Megaschwieriges zu erreichen; der Prozess wird selbst zu etwas Schwierigem, also einer Erfahrung, die uns fordert und weiterbringt. Deshalb sollten wir unseren Erfolg nicht nur anhand des Ziels messen, sondern auch daran, wie gut wir zusammengearbeitet haben, um es zu erreichen. Achte auf kleine, aber wichtige Erfolgserlebnisse innerhalb des Teams: Wenn jemand sich etwas zum ersten Mal traut oder eine Gebetserhörung erlebt, wenn man eine derbe To-Do-Liste endlich abhaken kann, wenn man eine Lektion gelernt hat oder eine totale Katastrophe sich doch noch zum Positiven wendet. Das sind verschiedene Erfolgserlebnisse, die alle wichtig sind.

Unsere zwei Vorzeige-Team-Projekte – die Kampagnen in Alabama und die „Sittsamkeits"-Umfrage – führten zu zwei sehr unterschiedlichen Resultaten. Die Umfrage sprengte unsere Erwartungen. Die Wahlen verloren wir. Aber beide Sachen waren auf ihre Art ein Erfolg, weil sie die beteiligten Jugendlichen stärker gemacht haben. Sie haben etwas zustande gebracht, haben wertvolle Erfahrungen gemacht, andere positiv beeinflusst und viele wichtige Lektionen über Teamarbeit und Megaschwieriges gelernt, die ihnen keiner mehr wegnehmen kann.

Megaschwieriges anpacken

Wenn du eine Sache machst, weil du das Gefühl hast, dass Gott dich dazu angestupst hat, kann nicht viel schiefgehen. Es ist eigentlich immer so, dass Gott dir mit seiner Berufung auch die nötige Hilfe gibt. Hab also keine Angst davor, zusammen mit anderen große Ziele anzugehen. Vielleicht ist deine erste megaschwierige Sache nichts Spektakuläres. Aber wie bei allem Schwierigen wächst du an deinen Aufgaben.

Hoffentlich hast du schon gecheckt, dass du große Projekte nicht auf später vertagen musst. Zusammen können wir Großes für Gott erreichen, wenn wir heute anfangen. Katrina drückt das gut aus:

Damals erschien mir das gar nicht so bemerkenswert, aber wenn ich jetzt zurückblicke, bin ich davon völlig überwältigt. Keiner von uns war älter als 18. Ich war erst 15. Da frage ich mich, was wohl noch so alles möglich ist, wenn Teens zusammenarbeiten. An der Umfrage haben hauptsächlich bloß fünf Leute mitgearbeitet. Stell dir vor, was man mit einem Team von hundert Leuten machen kann?!?!

Was könntest *du* mit 3 oder 10 oder 100 Leuten machen? Bete, hör zu und mach einen Plan. Und dann nichts wie ran!

Schwierige Kleinigkeiten

Dinge anpacken, auch wenn es sich nicht sofort rentiert

Joanna legte schockiert den Telefonhörer auf. Seit Monaten hatte sie die Tage bis zu der geplanten Rumänientour gezählt, und jetzt teilte ihr Vater ihr mit, die Reise sei geplatzt. „Meine Welt brach zusammen", erzählte uns Joanna später. „Es kam mir vor, als hätte mich jemand unter Wasser gedrückt, bevor ich die Chance hatte, Luft zu holen."

Statt einen aufregenden Missionstrip nach Rumänien zu erleben, saß Joanna in diesem Sommer also zu Hause in Tennessee fest. Ihre Mutter hatte starke gesundheitliche Probleme, und da sie das älteste Kind war, musste Joanna Essen kochen, die Wäsche machen, sich um ihre jüngeren Geschwister kümmern und das Haus putzen.

Das war nicht gerade der Sommer, den sie sich erträumt hatte! „Es war echt hart", sagte Joanna. „Eine der schwierigsten Zeiten meines Lebens."

Ist es dir auch schon mal so ergangen wie Joanna? Du stehst schon in den Startlöchern, um etwas Großes und Aufregendes anzupacken, hängst dann aber gegen deinen Willen doch im Alltagstrott fest?

Wie vereinen wir die Tatsache, dass es da draußen eine große Welt gibt, die nur auf uns wartet, damit, dass wir zu Hause die nächste Ladung Socken sortieren? Was sollen Rebelutionäre mit all den kleinen, scheinbar unbedeutenden Dingen machen, die so viel Zeit und Kraft kosten? Wie passen Geschirrspülen und Bio-Hausaufgaben zu dem Wunsch, die Welt zu verändern?

Rebelutionäre müssen diese Problematik klar durchdenken. Sonst geraten wir auf unserem Weg zum Megaschwierigen in einen Hinterhalt. Und vor allem verpassen wir sonst etwas ganz Wichtiges und Lohnenswertes: Die „schwierigen Kleinigkeiten".

Netze flicken und Fische ausnehmen

In Rudyard Kiplings Roman *Über Bord* wird der 15-jährige Harvey Cheyne, Sohn eines reichen Industriemagnaten, von Bord des Dampfschiffs gespült, das ihn über den Atlantik bringen soll, und von Hochseefischern gerettet.

Nass, ausgekühlt und zum ersten Mal in seinem verwöhnten Leben auf sich allein gestellt, versucht Harvey zunächst, die Fischer davon zu überzeugen, das seine Eltern steinreich sind. Er möchte, dass sie ihren Fischzug vergessen und ihn sofort an Land bringen, wo sein Vater sie großzügig belohnen wird. Aber seine Beteuerungen bringen nichts. Er ist gezwungen, sich seinen Lebensunterhalt zu verdienen, indem er Netze flickt und Fische ausnimmt.

Erst kann Harvey sein Pech kaum glauben. Die schwere Arbeit, die lange Arbeitszeit, der Fischgestank sowie die Kälte und Nässe machen ihn fertig. Es ist einfach zuviel für ihn. Doch mit der Zeit verändert sich Harvey. Sein Körper stählt sich. Er lernt, seine Aufgaben mit Hand und Kopf zu meistern und die Herausforderungen der Hochseefischerei zu bestehen. Er beginnt sogar Spaß an den harten Umständen zu haben und die Stärke und Klugheit seiner neuen Gefährten zu bewundern.

Als das Boot dann schließlich im Hafen einläuft, schickt Harvey ein Telegramm an seine Eltern, die sofort zu dem kleinen Ort eilen. Dort finden sie zu ihrer Verblüffung einen völlig verwandelten Sohn vor. Ihr verwöhnter Junge, der ständig nur Forderungen vorgebracht hatte, ist zu einem fleißigen, ernst zu nehmenden und rücksichtsvollen jungen Mann geworden. Harvey braucht und will die ständige Verhätschelung seiner Mutter nicht mehr und ist in jeder Hinsicht bereit, eine vielversprechende Karriere in der Schifffahrtsgesellschaft seines Vaters zu beginnen.

Vielleicht fühlst du dich einsam und vergessen. Du schuftest dich mit sinnlosen Aufgaben ab, die – so scheint es – garantiert nirgendwo hinführen. Du findest, dass du dein beträchtliches Potenzial völlig verschwendest.

In Wirklichkeit wirst du in deinem Leben (sowohl jetzt als auch später) viel Zeit und Kraft in Dinge stecken müssen, die keine große Sache sind und auch nicht viel zu „bringen" scheinen. An manchen Tagen ergeben sie nicht einmal einen Sinn. Manchmal können die kleinsten Sachen auch die schwierigsten Sachen sein.

In diesem Kapitel wollen wir dir zeigen, welche große Rolle diese schwierigen Kleinigkeiten bei uns allen spielen können – nicht nur jetzt, sondern für den Rest unseres Lebens. Du wirst lernen, was Harvey gelernt hat: Mühsamer Kleinkram ist nicht nur unvermeidbar, sondern macht sich auch im Leben und in der Zukunft eines Rebelutionärs gewaltig bezahlt.

Warum Kleinigkeiten so schwierig sind

Während unseres Gerichtshofs-Praktikums waren wir überrascht, dass die Aufgaben beim Gericht nicht das Schwierigste waren. Natürlich waren sie anspruchsvoll, aber sie waren auch ungewöhnlich spannend und wichtig. Nein, am schwersten fielen uns die Kleinigkeiten, wie unser Zimmer sauber zu halten, rechtzeitig ins Bett zu gehen, jeden Morgen in der Bibel zu lesen und mit unserer Familie in Verbindung zu bleiben.

Wahrscheinlich ist dir das auch schon so ergangen. Vielleicht ist es für dich eine besondere Herausforderung, regelmäßig zu beten. Vielleicht ist es eine Herausforderung, deine Aufgaben im Haushalt zu erledigen, wenn (und wie) deine Mutter es von dir möchte. Vielleicht fällt es dir schwer, rechtzeitig aufzustehen, dich körperlich zu betätigen oder Nein zu Ablenkungen und Versuchungen zu sagen. Was auch immer es bei dir ist, es sind vermutlich keine großen Sachen, aber sie sind trotzdem schwierig.

Kleinigkeiten lauern meist hinter den verschlossenen Türen unseres Zuhauses, unserer Schule oder Gemeinde. Selten sind sie neu oder spannend, und meist wiederholen sie sich bis zur Langeweile. Kleinigkeiten haben meist etwas mit unserem alltäglichen Leben zu tun. Genau genommen *sind* sie quasi unser Alltagsleben. Sie sind der „Stoff", aus dem unser Leben Tag für Tag besteht. Nichts davon bringt uns in die Schlagzeilen („Ortsansässiger Junge räumt sein Zimmer auf und macht seine Hausaufgaben!" Echt ein Brüller!).

Auch wachst du normalerweise nicht auf freust dich schon auf den Kleinkram („Cool! Heute werde ich mal so richtig den Müll rausbingen!").

Wir haben mal genau darüber nachgedacht, warum uns Kleinigkeiten oft so schwer fallen. Schau mal, ob du mit unseren fünf Hauptgründen übereinstimmst:

1. **Sie sind nicht weg, nachdem man sie erledigt hat.** „Mein Zimmer bleibt nicht aufgeräumt. Das Geschirr bleibt nicht sauber. Meine Zähne bleiben nicht geputzt. In der Schule wartet immer noch eine Arbeit auf mich,

und es gibt immer noch eine Versuchung, der ich widerstehen muss. Immer und immer wieder. Hört das denn nie auf?"

2. **Sie scheinen ziemlich unwichtig zu sein.** „Zeit mit meinem kleinen Bruder zu verbringen ist nicht so wichtig, wie Geld für Waisen in Afrika zu sammeln oder sich als Freiwilliger für eine politische Kampagne zu melden. Ich soll doch was in der Welt bewegen. Das hier lenkt nur ab."

3. **Sie scheinen keine großen Auswirkungen zu haben.** „Wird es in fünf Jahren wirklich irgendjemanden kümmern, ob ich heute mein Zimmer aufgeräumt habe? Oder ob ich nicht zu schnell gefahren bin? Oder ob ich heute Morgen in der Bibel gelesen habe? Was nützt es mir denn, all diese Dinge zu tun?"

4. **Sie bringen einem nicht gerade viel Anerkennung.** „Ich bekomme keine Auszeichnung dafür, dass ich meine Wut auf meinen Vater im Zaum gehalten habe. Das merkt noch nicht mal jemand. Und jetzt mach ich auch noch das Klo sauber. Was für eine widerliche und undankbare Aufgabe! Bäh! So habe ich mir mein Leben aber nicht vorgestellt."

5. **Keiner schaut zu.** „Alle sind beeindruckt, weil Frau XY eine gemeinnützige Arbeit für Krebskranke macht. Keiner weiß, dass ich jeden Tag meine Oma wasche und füttere und mich gleichzeitig auf den Zulassungstest für die Uni vorbereite."

Leider reagieren wir auf diese schwierigen Kleinigkeiten meist in nicht so richtig rebelutionärer Weise. Deshalb haben wir nicht nur fünf Gründe aufgelistet, warum Kleinigkeiten schwierig sind, sondern auch *fünf Gründe, warum wir schwierige Kleinigkeiten nicht machen.* Guck mal, ob du dich irgendwo wiedererkennst:

1. **Aufschieberei.** „Kein Problem, das mach ich schon – irgendwann. In einer Minute. Sofort, wenn ich hiermit fertig bin. Oh, so was Dummes aber auch, jetzt muss ich ins Bett."

2. **Unbeständigkeit.** „Klar doch, ich lese in der Bibel. Gestern und vorgestern zwar nicht, aber letzten Dienstag … glaub ich."

3. **Kompromissbereitschaft.** „Ich mach's nur einmal. Einmal kann doch nicht schaden, oder? Nur noch dieses eine Mal, dann hör ich aber wirklich auf. Okay … jetzt ist wirklich das letzte Mal."

4. **Missmut.** „Na schön, wenn ich muss, mach ich es eben! Erwarte aber nicht, dass ich dabei Freudentänze aufführe."

5. **Mogelei.** „Ich hab mein Zimmer doch aufgeräumt! Zumindest wenn du nicht in den Schrank guckst – oder unters Bett, oder in die Kommode, oder in meinen Wäschekorb."

Kleinigkeiten *scheinen* oft einfach Routine zu sein, ohne jeden tieferen Sinn und Zweck. Aber stimmt das?

Wir glauben das nicht. Unser gesunder Menschenverstand, die Bibel, die Menschheitsgeschichte und die Erfahrungen von Leuten wie Joanna beweisen das Gegenteil.

In diesen kleinen Päckchen sind nämlich oft riesengroße Geschenke versteckt.

Der Plan hinter der Pein

„Gott hatte tatsächlich einen Plan", sagt Joanna über die geplatzte Rumänienreise und den Sommer, in dem sie sich um ihre Familie gekümmert hat. „Und der war *viel* besser als meiner. Wäre das nicht passiert, hätte ich nicht gelernt, richtig gut zu kochen, meinen jüngeren Geschwistern zu helfen oder den Haushalt zu schmeißen. Ich kann ehrlich sagen, dass es die Mühe wert war, auch wenn es mir manchmal extrem schwer fiel."

Wie Harvey in *Über Bord* hat Joanna gelernt, dass uns die Kleinigkeiten des Lebens für die großen Sachen in der Zukunft vorbereiten. Angewohnheiten wie sich durch anstrengende Routinearbeiten durchzubeißen, sich eine positive Haltung zu bewahren, Selbstdisziplin und Integrität zu lernen und anderen zu helfen – wenn wir in solchen Dingen treu sind, nützt uns das schon heute jede Menge *und* macht sich in der Zukunft enorm bezahlt.

Schau dir den Alltagskleinkram mal genau an, in dem du heute steckst. Wenn es dich viel Anstrengung kostet, nett zu deinen Geschwistern zu sein, erreichst

153

du mindestens zweierlei, wenn du es trotzdem durchziehst: Du bestimmst schon jetzt den Ton deiner ganzen zukünftigen Beziehung zu diesen Menschen, und du übst dich darin, später einmal gut und anständig mit deinem zukünftigen Ehepartner oder deinen Kollegen umzugehen. Wenn du dich heute im laaangweiligen Chemieunterricht durchbeißt, bestimmst du nicht nur deine zukünftige Abi-Note, sondern trainierst auch dein Gehirn darin, später im Leben komplexe Zusammenhänge begreifen und auswerten zu können.

Schwierige Dinge anzupacken bedeutet, seinen Körper, seinen Verstand und seinen Glauben zu trainieren. Die schwierigen Kleinigkeiten sind dabei wie einzelne Übungen, zum Beispiel wie ein Liegestütz. Für sich genommen erscheinen sie unbedeutend, aber über einen längeren Zeitraum hinweg bringen sie tolle Ergebnisse.

Interessanterweise hat Gott starkes Interesse an Kleinigkeiten, und die Bibel hat eine Menge über sie zu sagen. Im Matthäusevangelium erzählt Jesus das Gleichnis von den Talenten. Die Geschichte handelt von einem Gutsherrn, der auf eine Reise geht und vorher jedem seiner Diener eine bestimmte Summe Geld gibt (in der damaligen Währung „Talente"). Als er zurückkommt, berichten zwei der Diener, dass sie das Geld durch Investitionen vermehrt haben. Der Herr lobt jeden der beiden Diener dafür und sagt: „Du hast dich in *kleinen Dingen* als zuverlässig erwiesen, darum werde ich dir auch Größeres anvertrauen" (Matthäus 25,21). Im Lukasevangelium lesen wir, dass mit dieser „großen Aufgabe" die Verwaltung ganzer Städte gemeint war. Eine dickere Beförderung kann man sich gar nicht wünschen.

Der dritte Diener fing dagegen überhaupt nichts mit dem an, was er bekommen hatte, und wird deswegen zurechtgewiesen. „Du unzuverlässiger und fauler Diener!", sagt sein Herr und schmeißt den Mann heraus (Matthäus 25,26). Er verliert auch noch das, was er hat.

Noch etwas zum Thema Kleinigkeiten finden wir in Galater 6,7, wo Paulus schreibt: „Macht euch nichts vor! Gott lässt keinen Spott mit sich treiben. Jeder Mensch wird ernten, was er gesät hat." Jede Tat, so klein sie auch ist, bestimmt einen Teil unserer zukünftigen Ernte. Aus kleinen Samen kann großes Unkraut wachsen, aber auch hübsche Blumen und lebenswichtige Nahrungsmittel.

Genau an diesem Punkt stolpern faule Diener (und viele von uns). Uns gefällt die Aussicht auf die Ernte, aber wir wollen nicht mühsam säen und anbauen. Wir wollen gern fit und stark sein, aber kein mühsames Training machen. Wir alle möchten gern große und wichtige Dinge tun, vernachlässigen aber die wichtigen Kleinigkeiten, die uns da hinbringen.

Hier kommt die *Rebelution*-Mentalität ins Spiel. Sie erinnert uns daran, dass kleine Sachen manchmal die schwierigsten sein können und dass Anstrengungen dazu gut sind, uns stärker zu machen. In kleinen Dingen treu sein – so entwickelt man die erforderliche Kraft, um Großes zu erreichen.

Eins der besten Beispiele dafür sind die Wikinger.

Eine Lektion von den Wikingern

Die Wikinger waren wilde Krieger und Piraten, die vor fast 1.000 Jahren Nordeuropa terrorisierten. Sie plünderten und brandschatzten so ziemlich jedes europäische Land, das das Pech hatte, ans Meer zu grenzen. Die Menschen hatten so viel Angst vor der Wikinger-Bedrohung, dass in Kirchen häufig ein besonderes Gebet gesprochen wurde: „Gott schütze uns vor dem Zorn der Nordmänner."

Die meisten Historiker schreiben die verheerende Effektivität der Wikinger ihren Kriegsschiffen zu, die leicht genug waren, um sie an Land zu ziehen. Dadurch konnten die Plünderer richtige Blitzangriffe durchführen und sich ebenso schnell wieder auf die Sicherheit des Wassers zurückziehen.

Aber es gibt noch einen anderen Faktor, der für Rebelutionäre wichtig ist: Die Wikinger ruderten selbst zu den Kämpfen. Die meisten anderen damaligen Streitmächte auf See ließen ihre Kriegsschiffe von Sklaven oder Berufsruderern antreiben. Die Wikinger dagegen übernahmen selbst diese eintönige und anstrengende Arbeit. Dadurch können wir mit Sicherheit wissen: Sie hatten ordentlich Muskeln.

Da verwundert es nicht, dass ein ganzer Kontinent in Angst und Schrecken vor ihnen lebte. Mit reiner Muskelkraft beförderten sie regelmäßig ihre schweren Boote kilometerweit über die Meere. Wenn sie dann aus ihren Booten stiegen und ihre Streitäxte schwangen, konntest du einen noch so dicken Schild tragen oder deine Tür verbarrikadieren – es nützte alles nichts. Die unglaublich durchtrainierten Körper der Wikinger machten sie nahezu unbesiegbar.

Wir können eine Lektion über schwierige Kleinigkeiten von den Wikingern lernen. *Wenn* wir keine Mühen scheuen, selbst nicht in den langweiligen, sich ständig wiederholenden Aufgaben, die andere scheuen oder lieber abgeben, dann *werden* wir langfristig einen riesigen Nutzen ernten, den andere verpassen.

Abgehakt, abgehakt, abgehakt!

„Ich hab schon immer viel verbummelt", gab Katie, die in der Mittelstufe ist, in einem Brief zu. „Ich hatte auch nicht geglaubt, dass ich jemals etwas anderes als ein Bummler sein würde. Ich träumte zwar von vielen Dingen, sah mich aber immer schon vorher zum Scheitern verurteilt."

Wenn Katie etwas nicht gern tat, so erzählte sie, hat sie es immer so lange wie möglich vor sich hergeschoben und Hausarbeiten regelmäßig zu spät abgegeben. „Das Wörterbuch definiert einen *Zauderer* als jemanden, der ,wissentlich und gewohnheitsmäßig auf-

157

schiebt, was erledigt werden sollte.' Das traf genau auf mich zu", gestand sie.

Für Katie kam die Wende, als sie in Mathe eine 6 bekam. Das war wie ein Eimer kaltes Wasser ins Gesicht. Plötzlich konnte sie sich selbst sehen, wie ihre berufliche Karriere darin bestand, bei einem Fastfood-Restaurant Frikadellen zu wenden. Sie beschloss, ihre große Schwierigkeit anzupacken: die Aufschieberei.

„Diesmal sollte alles anders werden, gelobte ich. Ich wählte meine Kurse mit Bedacht. Ich ordnete meine Prioritäten. Ich hörte mit dem Volleyballspielen auf. Ich stellte mir meinen Wecker. Ich machte mir einen Zeitplan und hielt mich daran. Ich wollte mir selbst alle Rückzugsmöglichkeiten versperren."

Innerhalb weniger Monate, nachdem sie ihre Bummelei angegangen war, hatte sich Katies Leben drastisch verändert. Wie es ihr jetzt geht, schreibt sie hier:

Ich hinke nicht mehr der Zeit hinterher. Bei ein paar Sachen bin ich sogar dem Plan voraus. Gerade habe ich eine 1 in einer Geschichtsarbeit von letzter Woche bekommen. Ich hatte Zeit, regelmäßig zu babysitten und an außerlehrplanmäßigen Aktivitäten teilzunehmen. Und ich habe sogar Zeit, mich hinzusetzen und diesen Erfahrungsbericht aufzuschreiben.

Meine Bummelei zu überwinden war das Schwierigste, was ich je gemacht habe. Für andere mag das belanglos sein, aber für mich bedeutet es wirklich viel. Ich bin kein hoffnungsloser Fall! Ich habe immer noch die Chance, mei-

nen Träumen nachzugehen. Natürlich muss ich weiterhin am Ball bleiben, aber da ich jetzt weiß, dass es möglich ist, werde ich nicht wieder zu dem zurückkehren, wie die Dinge einmal waren.

Inzwischen liebe ich mein Aufgabenheft. Es hat all diese hübschen Verzierungen: abgehakt, abgehakt, abgehakt!

Welche schwierigen Kleinigkeiten sind dir in den Kopf gekommen, als du von Joanna, Harvey, Katie und den Wikingern gelesen hast? Falls es dir so geht wie uns, gibt es immer bestimmte Aufgaben und Pflichten, die man lieber übersehen möchte. Wir müssen uns ständig daran erinnern, wie ungemein wichtig es ist, die Bereiche im Auge zu behalten, in denen wir die Dinge zu gern schleifen lassen. Hier sind ein paar Fragen, die dir dabei helfen können:

- Welche regelmäßige oder tägliche Aufgabe hast du im Haushalt, die weniger als fünf Minuten in Anspruch nimmt? Wie gehst du mit der Aufgabe um? Schiebst du sie auf? Machst du sie nicht regelmäßig? Nervt sie dich? Würde es sich vorteilhaft für dich auswirken, wenn du deine Einstellung zu dieser Kleinigkeit ändern und sie einfach pflichtbewusst machen würdest?
- Hast du ein großes Lebensziel, das du nur erreichen wirst, wenn du dich vielen schwierigen Kleinigkeiten aussetzt? Schreib dein großes Ziel mal auf. Dann schreib die schwierigen Kleinigkeiten auf, durch

die du das Ziel erreichen kannst – und wie sich deine jetzige Treue in den kleinen Dingen auf deine Träume von morgen auswirken wird.

Denk dran: Wenn du dich verpflichtest, auch immer dein Bestes zu geben, wenn du den Kleinkram erledigst, wird Gott dir auch die nötige Kraft dazu schenken. Mit der Zeit werden dir die Aufgaben leichter fallen und ihre Vorzüge immer offensichtlicher werden.

„Er lebte als ein großer Straßenfeger"

Jetzt aber eine schwierige Frage: Können wir ganz schlichten und stumpfsinnigen Arbeiten irgendeine besondere Bedeutung zumessen? Natürlich ist Kleinkram als Vorbereitung für zukünftige Erfolge unumgänglich. Das kann man ganz leicht sehen. Aber sind die Kleinigkeiten für sich genommen irgendwie wichtig?

Ja, sind sie. Jede Aufgabe, bei der wir uns echte Mühe geben und die wir aus den richtigen Beweggründen tun, macht Gott Freude. In Kolosser 3,23 schrieb Paulus: *„Alles, was ihr tut*, tut von Herzen, als etwas, das ihr für den Herrn tut und nicht für Menschen". Und in 1. Korinther 10, Vers 31 sagt er noch einmal: *„So tut alles* zur Ehre Gottes."

Martin Luther King Jr. drückt das besonders klasse aus. Er wendet sich dabei an Menschen in allen Lebenslagen:

Wenn Ihre Aufgabe darin besteht, die Straße zu fegen, dann fegen Sie die Straße so, wie Michelangelo malte, wie Shakespeare Gedichte schrieb und wie Beethoven komponierte. Fegen Sie die Straße so, dass alle himmlischen und auch die irdischen Heerscharen innehalten und sagen: Er lebte als ein großer Straßenfeger, und er hat seine Arbeit gut gemacht.

Genau wie bei dem Straßenfeger kann das, was du zu Hause, in der Schule, in der Gemeinde oder sonst wo machst, Gott ehren – wenn du bereit bist, 100 Prozent zu geben.

Nimm die Wikinger-Herausforderung heute an und kümmere dich um die schwierigen Kleinigkeiten. Es ist kein Versehen, dass du vor diesen scheinbar sinnlosen Tätigkeiten stehst; es ist eine große Chance. Deshalb möchten wir dich ermutigen, dich bei jedem Zug voll ins Ruder zu schmeißen.

Und weil Gott ein guter Gott ist, wirst du merken: Wenn du die Dinge, die er vor deine Füße legt, von ganzem Herzen tust, egal ob sie bedeutsam erscheinen oder nicht, wirst du davon einen Nutzen haben. Es wird dich stärken und dich auf die nächste große Sache vorbereiten.

Farbe bekennen

Schwieriges anpacken und
gegen den Strom schwimmen

Eva lebt in Deutschland auf dem Land, wo fast jeder „Christ" ist, aber nur wenige wirklich Jesus nachfolgen. In ihrem Dorf herrscht die Meinung – hat sie uns in einer E-Mail erzählt –, dass Religion nicht schadet und im Notfall vielleicht sogar helfen kann. Als Eva sich mit 16 entschied, *wirklich* mit Gott zu leben, stellte sie sich dadurch unweigerlich gegen ihr Umfeld – besonders gegen die Jugendkultur, in der es nur um Wochenendpartys geht, bei denen man eine Menge Alkohol trinkt.

In Evas Welt werden diese Partys nicht einfach als Ergänzung des Gemeinschaftslebens gesehen; sie *sind* das Gemeinschaftsleben. Selbst die Eltern halten das für ganz normal. Während der Woche wird in der Schule dann ständig über das vergangene Wochenende gesprochen: „Hast du den Typ gesehen, der mit Melanie geknutscht hat?", oder: „War das nicht ein

Brüller, als Daniel aufs Mischpult gekotzt hat?" Sobald der Tratsch über die letzte Party versiegt ist, fängt die Planung für die nächste an. Die Kids leben von einem Wochenende zum nächsten, und um dazuzugehören, muss man einfach mitmachen.

Jeder erwartet von Eva, dass sie sich bei den Partys blicken lässt, aber jetzt ist sie Christin. Soll sie zu Hause bleiben, obwohl sie sich dadurch aufs soziale Abstellgleis begibt? Vielleicht könnte sie hingehen und sich etwas abseits halten? Sie will ja auch nicht den Eindruck vermitteln, dass Christen nur Spaßbremsen sind, oder?

Musstest du schon mal so eine Entscheidung treffen wie Eva? Vielleicht ging es darum, dass alle in einen bestimmten Film gehen wollten und du nicht. Vielleicht ging es darum, ein bestimmtes Outfit lieber nicht zu kaufen, weil es die falsche Art von Aufmerksamkeit auf sich ziehen würde. Oder vielleicht hat dich dein Lehrer bei einer Diskussion über ethische Fragen nach deiner Meinung gefragt. Plötzlich schauten dich zwei Dutzend Augenpaare an. Dein Herz schlug schneller und lauter. Deine Wangen glühten. Das war deine Chance, Farbe zu bekennen, aber du hattest Angst. Was würden die anderen von dir halten? Was, wenn du etwas Falsches sagst? Warum muss das nur so schwierig sein?

Manchmal bekennen wir tatsächlich Farbe. Wir sagen jemandem, dass man Gottes Namen nicht zum Fluchen benutzen sollte, oder wir fragen unsere nicht-

163

gläubigen Freunde, was sie über das Leben nach dem Tod denken. Aber meistens versinken wir bei solchen Gelegenheiten in unserem Stuhl, finden plötzlich unseren Kuli unglaublich spannend, ändern das Thema oder beurlauben kurzerhand unser Gewissen. *Meine Überzeugungen sind Privatsache*, versuchen wir uns (besser gesagt: eine Lüge) zu verteidigen. *Lieber nicht zu viel Staub aufwirbeln. Ich möchte ja nicht den Eindruck vermitteln, dass ich mich für etwas Besseres halte.*

In diesem Kapitel wenden wir uns der fünften und letzten Schwierigkeit zu, die einem Rebelutionär begegnen wird: Farbe zu bekennen, selbst wenn man sich dadurch unbeliebt macht.

Für Teens (und auch sehr viele Erwachsene) ist das eins der schwierigsten Dinge überhaupt. Es geht ganz klar gegen unseren natürlichen Anpassungsdrang. Wir wollen gemocht werden und Freunde haben. Unsere Überzeugungen offen auf den Tisch zu legen – das kann man mit keiner anderen Entscheidung vergleichen. Wir werden uns den Preis für eine solche Entscheidung ehrlich anschauen: Du könntest Freunde verlieren und einige Punkte auf der Beliebtheitsskala einbüßen. Du könntest ein paar Chancen verpassen. Und in einigen Ländern könntest du sogar dein Leben verlieren.

Aber wir werden uns genauso einige der Vorzüge ansehen, die sich einstellen, wenn man zu dem steht, was richtig ist. Es läuft alles auf ein wichtiges Prinzip hinaus, das einen gefestigten Charakter über alles auszeichnet: Man muss Gott mehr gefallen wollen als den Menschen. Wie Eva gerade entdeckt, ändert eine derartige Entscheidung fast alles in deinem Leben.

Manchmal ändert es sogar den Lauf der Geschichte.

Wem gehörst du?

Evas innerer Aufruhr legte sich, und ihre Unentschlossenheit verschwand, als sie über die Worte stolperte, die Jesus für seine Jünger gebetet hat – und für alle Gläubigen in der Geschichte:

Ich habe ihnen dein Wort weitergesagt. Deshalb hasst sie die Welt, denn sie gehören nicht zu ihr, ebenso wie ich nicht zu ihr gehöre. Ich bitte dich nicht, sie aus der Welt wegzunehmen, aber sie vor dem Bösen in Schutz zu nehmen. Sie gehören nicht zu dieser Welt, so wie ich nicht zu ihr gehöre (Johannes 17,14–16).

Von da an wusste Eva, dass sie nicht mehr so leben konnte wie ihre Schulkameraden. Sie sieht sich als Botschafterin. Sie gehört zum Königreich Gottes, nicht zu Deutschland oder seiner Jugendkultur. Sie lebte in einer Partywelt, doch nun musste sie nicht mehr dazugehören. Und wenn die anderen sie deswegen fallen ließen, dann war das eben so. Ihr Lebenszweck bestand nicht darin, sich anzupassen, sondern treu zu sein.

Das erinnert uns an eine Szene aus dem Musical *Oklahoma!* von Rodgers und Hammerstein, in dem die Charaktere eine Totenklage auf den „bösen alten Burschen" Jud Fry anstimmen. Sie singen weihevoll:

Mehr als sonst ein Mann wurde Jud hier missverstanden. Die Leute hielten ihn für einen bösen alten Burschen, und sie nannten ihn ein dreckiges Stinktier und grantigen Schweinedieb. Aber die Leute, die ihn wirklich kannten, die wussten ... dass Jud Fry seine Mitgeschöpfe liebte.

Er liebte die Vögel im Wald und die Tiere im Feld. Er liebte die Mäuse und das Ungeziefer in der Scheune, und die Ratten sah er als seinesgleichen, und das war gut so. Oh, und er liebte die kleinen Kinder. Er liebte jeden und alles auf der ganzen Welt! Nur hat er es nie verraten, und so wusste es keiner.

Obwohl das eine humorvolle Szene ist, sollten wir uns fragen, ob man später das Gleiche vielleicht auch auf unserer Beerdigung sagen könnte? Was wäre, wenn man eine Totenklage für *dich* anstimmen würde? Wie würde sie sich anhören? Ungefähr so?

Mehr als sonst ein junger Mann wurde der Herr Teen hier missverstanden. Die Leute hielten ihn für jemanden, der nur herumhängen und es sich gutgehen lassen wollte. Sie nannten ihn einen rebellischen Teenager und ein dummes Kind. Aber die Leute, die ihn wirklich kannten, die wussten, dass hinter dem Laptop, dem iPod, dem Fernseher, der Xbox

*360, seinen wechselnden Freundinnen, seiner feindseligen
Einstellung gegenüber seinen Eltern, seinem Egoismus
und seiner Faulheit – dass hinter all dem ein Herz für Gott
schlug, größer als die ganze Welt.*

*Herr Teen liebte Gott und seine Familie. Er wusste: Die
Jugendzeit war eine Trainingszeit, und das war gut so. Und
er wollte in der Welt Spuren hinterlassen. Vor der ganzen
Welt wollte er für die richtige Sache eintreten. Nur hat er es
nie verraten, und so wusste es keiner.*

Eva erkannte – und wir müssen das auch kapieren –,
dass ein verändertes Herz ein verändertes Leben
bringt. Echter, alles umwälzender Glaube an Jesus
Christus zeigt sich in unseren Taten. Jakobus schrieb
(Jakobus 2,18): „Aber vielleicht wendet jemand ein:
‚Hast du überhaupt Glauben?' Darauf antworte ich:
Ich habe die Taten! Zeig mir doch einmal *deinen*
Glauben, wenn du mir nicht die entsprechenden Taten
zeigen kannst! Aber ich will dir *meinen* Glauben aus
meinen Taten beweisen." Das ist einer der genialen
scheinbaren Widersprüche der Bibel: Wir können uns
durch gute Taten unsere Rettung nicht verdienen, weil
wir sie allein durch unseren Glauben bekommen –
aber echter Glaube kann nicht ohne Auswirkungen
und Taten bleiben.

Das soll jetzt natürlich nicht heißen, dass du mit deinen ach so tollen Taten herumprotzen sollst. Es geht
vielmehr darum, dass ein echter Glaube das ganze Leben durchtränkt. Es geht darum, dass die Filme, die

du dir anschaust, und die Witze, über die du lachst, anderen (und dir selbst) etwas über den Zustand deines Herzens zeigen. Für Eva bedeutete das, dass sie einfach nicht mehr mit der Menge mitlaufen konnte. „Wenn meine Beziehung zu Jesus nichts daran ändert, wie ich mich nach außen hin verhalte", sagte sie sich, „wie kann ich dann behaupten, dass sich etwas in meinem Inneren verändert hätte?"

Tun, was richtig ist, auch wenn es wehtut

Als Eva anfing, gegen den Strom zu schwimmen, war sie sich sicher, dass sie die richtige Entscheidung getroffen hatte. Aber sie musste trotzdem ein paar unschöne Folgen ausbaden. Ihre Freunde und Klassenkameraden fragten sich, warum sie nicht mehr zu den Partys ging. Selbst einige Erwachsene im Dorf verstanden das nicht.

In der Schule war Eva plötzlich vom allgemeinen Tratsch und den Unterhaltungen ausgeschlossen. Weil sie sich bei den Wochenendpartys nicht mehr blicken ließ, hielten ihre Klassenkameraden sie mehr und mehr für einen langweiligen Außenseiter, und das war für Eva sehr schwer zu ertragen.

„Ich muss zugeben: Manchmal wollte ich mich am liebsten wieder der Gruppe anpassen", sagt sie. „Manchmal tat es so weh, nicht dazuzugehören, nicht zu den Angesagten zu gehören, keine Clique oder coolen Freunde zu haben."

Evas Entscheidung hatte zur Folge, dass sie von ihren Altersgenossen abgelehnt und missverstanden wurde. Aber in anderen Teilen der Welt sind die Folgen noch gravierender: In Indien wurden zum Beispiel erst kürzlich zwei Teens umzingelt und zusammengeschlagen, weil sie christliche Traktate verteilten. In China wurde ein 16-jähriges Mädchen erschossen, weil es sich weigerte, auf die Bibel zu spucken. Christen in den verschiedensten Teilen der Welt werden wegen ihres Glaubens verfolgt, gefoltert und getötet.

Glücklicherweise passierte Eva vergleichsweise wenig, und ihr war vorher klar gewesen, worauf sie sich einließ. Sie hatte die Bibelstellen gelesen, in denen wir gewarnt werden, dass wir vielleicht gehasst werden, weil wir nicht „mitspielen". Eva war entschlossen, Jesus nachzufolgen, auch wenn das allgemein nicht gutgeheißen wurde. Sie war dazu berufen, ihm auch zu folgen, wenn es wehtat. Wenn sie ihm nicht in den schwierigen Zeiten treu war, dann war ihr Glaube ja wohl nicht viel wert.

Genau das heißt es im Grunde, sich zu Gott zu bekennen: zu tun, was richtig ist, selbst wenn es uns etwas kostet.

Wir wussten, dass wir mit unserer „Sittsamkeits"-Umfrage nicht nur auf Begeisterung stoßen würden, aber der teils sehr aggressive Gegenwind hat uns trotzdem überrascht. Zwar wussten Tausende von Menschen die Umfrage als hilfreiche Informationsquelle zu schätzen, doch mehrere Hundert andere sahen darin eine blöde Liste voller Regeln. Wieder andere fanden, dass wir Frauen für Männerprobleme verantwortlich machten. Feministische Webseiten zerrissen uns in ihren Artikeln als „sexuell verklemmte Fundamentalisten" und leiteten Hunderte von ihren Lesern auf unsere Seite weiter, damit sie dort verärgerte Kommentare hinterlassen sollten. Viele dieser Besucher nahmen sich gar nicht die Zeit, unsere Umfrage überhaupt mal anzuschauen, sondern glaubten einfach dem Vorurteil, dass wir Frauenhasser seien und allen weiblichen Menschen am liebsten Mehlsäcke überstülpen würden. Für jede Dankes-Mail bekamen wir mindestens eine fiese Botschaft, in der uns „Moralaposteln" die Meinung gegeigt wurde. Selbst eine von Katrinas Freundinnen lud bei ihr eine Schimpfkanonade über die Umfrage ab, ohne sich bewusst zu sein, dass Katrina das Ganze angeleiert hatte!

Wenn wir nicht von vornherein mit Gegenwind gerechnet hätten, wären wir vielleicht von diesem negativen Feedback überwältigt und entmutigt worden. Aber im Grunde überraschte es uns nicht, dass diese Umfrage bei einer so sexfixierten Gesellschaft wie unserer nicht gut ankommt.

Wenn wir die Entscheidung treffen, Gott zu gehorchen, selbst wenn es uns etwas kostet, und unseren Glauben im täglichen Leben umzusetzen, sollten wir mit Schwierigkeiten rechnen. Aber es lohnt sich. Gott lässt sich nämlich nicht lumpen, wenn wir treu sind und für ihn Farbe bekennen.

Wir werden es nicht bereuen

Kennst du die Geschichte im Alten Testament, in der Josef von seinen eifersüchtigen Brüdern in die Sklaverei verkauft wird? Als Jahre später eine Hungersnot übers Land fegt und die Brüder um Essen betteln, treffen sie Josef wieder, der inzwischen in Ägypten zu einem wichtigen Mann und Verwalter der Nahrungsvorräte geworden ist. Als sie Josef erkennen, fürchten die Brüder um ihr Leben. Aber Josef beruhigt sie mit einem Gedanken, den jeder angeschlagene Rebelutionär zu schätzen wissen wird! Josef sagt seinen Brüdern: „Ihr hattet Böses mit mir vor, aber Gott hat es zum Guten gewendet; denn er wollte auf diese Weise vielen Menschen das Leben retten" (1. Mose 50,20).

Wenn wir Stellung beziehen, bringt das oft Nachteile mit sich. Aber Gott ist am Werk. Er kann aus schlechten Dingen Gutes bewirken.

Evas Verzicht auf die Wochenendpartys brachte ihr zum Beispiel viel Gutes, das sie nicht erwartet hatte. „Ich habe viel mehr mit meinem Bruder und meinen Schwestern unternommen als vorher", sagt Eva lachend. „Und wir hatten viel Spaß miteinander. Unsere Beziehung war noch nie so gut." Nicht nur das. Mit der Zeit besserte sich auch die Situation in der Schule wieder. „Meine Klassenkameraden begannen es zu akzeptieren", erzählte uns Eva. „Sie konnten zwar mein Verhalten nicht immer so richtig nachvollziehen, aber immerhin nahmen sie es irgendwann hin."

Und obwohl sie manchmal immer noch als Außenseiterin gilt, hat Eva heute einige echt nette Freundinnen. „Wir sind zusammen zur Schule gefahren und haben gemeinsam für die Klassenarbeiten gelernt", sagte sie. „Durch solche ganz normalen Sachen haben sie und andere gemerkt, dass ich nicht irgendwie komisch bin."

Am wichtigsten ist aber, dass Gott Eva vor viel Kummer und Leid bewahrt hat. „Ich bin mir sicher, dass ich einige nicht so tolle Sachen erlebt hätte, wenn ich mit den Partys weitergemacht hätte – und mal ehrlich, wer braucht schon eine Alkoholvergiftung, Drogenerfahrungen oder ein total verkorkstes *erstes Mal* mit dem falschen Jungen zum falschen Zeitpunkt?", erklärt sie. „Gott hat mir immer geholfen und mich nicht einsam werden lassen." Dadurch hat Eva gelernt: Es kann zwar schwierig sein, das Richtige zu tun, es ist aber viel schlauer – und in vielerlei Hinsicht auch leichter. *Leichter?*, fragst du jetzt vielleicht.

Ja, denn wenn du Evas Klassenkameraden in 10 Jahren fragst, was sie schwieriger finden – zwei Jahre lang nicht auf all die Partys zu gehen ... oder sich mit den Folgen von Alkohol- und Drogenmissbrauch, zerbrochenen Beziehungen, ungewollten Schwangerschaften und Geschlechtskrankheiten herumzuschlagen –, werden sie wahrscheinlich sagen, dass Eva die „leichtere" Alternative gewählt hat. Und damit hätten sie auch ganz schön recht.

Du kannst auch Jordan fragen, einen 15-Jährigen, der auf eine Highschool in Sacramento, Kalifornien, geht. Einmal fuhr er zusammen mit Freunden ins Kino, um sich den Football-Film *Unbesiegbar – der Traum seines Lebens* anzuschauen. Dann stellte sich aber heraus, dass sich die anderen in einen Horror-streifen schleichen wollten, der erst ab 16 war. Jordan stand daneben, als sein bester Freund, Josh, zwei Ein-trittskarten für *Unbesiegbar* kaufte, aber ihm war klar, dass auch Josh in den anderen Film wollte.

„Es wäre eine Lüge zu sagen, dass ich innerlich nicht zu kämpfen hatte", gibt Jordan zu. „Die ande-ren würden mich für ein Weichei halten ... eigentlich wollte ich den Film auch gern sehen, schon um mitre-den zu können ... Aber dann sagte ich mir: *Nein, das mach ich nicht!"*

Er beugte sich zu Josh und sagte: „Also, ich will ei-gentlich den anderen Film gar nicht sehen. Ich gehe in *Unbesiegbar*. Du musst selbst wissen, ob du mitkom-men willst oder nicht."

Mehr war gar nicht nötig. Josh willigte ein und die beiden sahen sich ohne die anderen *Unbesiegbar* an.

Am darauffolgenden Montag flog der Rest der Gruppe wegen des Films auf; nur Jordan und Josh be-kamen keinen Ärger. „Die Entscheidung war zuerst gar nicht so leicht", meinte Jordan, „aber langfristig hat es sich gelohnt – nicht nur in der Schule, sondern auch geistlich gesehen. Ich habe gemerkt, dass ich durchaus dazu fähig bin, Nein zu sagen und dazu zu stehen."

So schwierig es für Jordan, Josh und Eva auch erst-mal war, Farbe zu bekennen, entpuppte es sich zum

173

Schluss doch als die leichtere Wahl. Und auch wenn die richtigen Entscheidungen in diesem Leben nicht immer offensichtliche Vorzüge bringen, tun sie es definitiv im nächsten.

Jim Elliot, der ein tragisches Ende fand, als er zusammen mit vier Freunden das Evangelium zu dem Auca-Stamm in Ecuador brachte (wir erwähnten ihn schon etwas weiter vorn), hat das treffend ausgedrückt: „Es ist nicht dumm, das aufzugeben, was man nicht behalten kann, um das zu bekommen, was man nicht verlieren kann."

Wenn wir das begreifen, wird es immer die leichtere Wahl sein, Farbe zu bekennen – so schwierig es auch im ersten Moment scheint. Jedes Mal, wenn wir uns überwinden, stärkt Gott unsere Überzeugungen und unseren Glauben – und das wiederum bereitet uns auf die größeren Dinge vor, die noch auf uns warten.

Farbe bekennen: Wann und wie

Bevor du nun in den „Krieg" ziehst, sollten wir genauer darüber nachdenken, *wann* und *wie* wir uns zu Gott bekennen sollen. Man kann ja auch aus etwas völlig Unwichtigem eine große Sache machen. Wir müssen jede Situation mit Weisheit beurteilen, damit wir zur richtigen Zeit, für die richtige Sache und aus richtigen Motiven gegen den Strom schwimmen.

Deshalb schlagen wir sechs Richtlinien für Rebelutionäre vor, wenn es darum geht, Farbe zu bekennen:

1. Fang mit der Bibel an.
2. Nimm dich selbst unter die Lupe.
3. Hör auf dein Gewissen.
4. Such den Rat von anderen Christen.
5. Übe Demut, Liebe und Mut.
6. Trag zur Lösung des Problems bei.

1. Fang mit der Bibel an

Was sagt die Bibel zu deinem aktuellen Problem? Selbst wenn etwas nicht direkt angesprochen wird, kann man sich fragen, ob es mit allgemeinen geistlichen Prinzipien übereinstimmt oder nicht. Eva hat die Antwort auf ihre Fragen in Johannes 17,14-16 gefunden: Sie soll sich nicht den Maßstäben und Leidenschaften dieser Welt anpassen, sondern Jesus. Die Bibel gut zu kennen hilft tatsächlich in vielen praktischen Fragen weiter.

Am Anfang solltest du dich dabei jedoch nicht zu sehr in Nebensächlichkeiten verstricken, zum Beispiel ob es „unbiblisch" sein könnte, sich die Haare lila zu färben (kleiner Tipp: ist es nicht!). Nur weil etwas neu, komisch oder ungewöhnlich ist, heißt das noch lange nicht, dass es Gottes Zielen irgendwie widerspricht. In der Bibel gibt es ausreichend klare Anweisungen („Kinder, gehorcht euren Eltern", zum Beispiel – ich weiß, das hört man nicht sooo gern …). Fang am besten mit solchen Dingen an, zu denen die Bibel ganz eindeutig Stellung nimmt – dann bist du vermutlich erstmal gut beschäftigt.

175

2. Nimm dich selbst unter die Lupe

Kümmere dich nicht um den Splitter im Auge eines anderen, wenn du den Balken in deinem eigenen Auge nicht bemerkst (so steht's in Matthäus 7,3–5). „Das, was alle tun", herauszufordern beginnt bei einem selbst. Es beginnt mit den Geboten Gottes, die du ja vermutlich kennst, aber bis jetzt vielleicht immer zur Seite geschoben hast. Leute, die auf Worte keine Taten folgen lassen, nennt man Heuchler. Gehör nicht dazu.

3. Hör auf dein Gewissen

Gott hat uns unser Gewissen gegeben, damit wir Gut und Böse unterscheiden können. Die Feinabstimmung kommt mit der Übung (und mit der wachsenden Beziehung zu Gott). Wenn du dich innerlich dazu gedrängt fühlst, etwas lieber nicht zu tun, ist das wahrscheinlich ein Signal deines Gewissens. Ignorier solche Winke nicht!

In 1. Timotheus 4,2 spricht Paulus von Leuten, deren Gewissen „ausgetrocknet" ist, weil sie es immer wieder missachtet haben. Die Gesellschaft erwartet geradezu, dass Jugendliche Sachen machen, von denen sie *wissen*, dass sie falsch sind. Sie wollen Spaß, berechnen aber nicht die Kosten. Wenn du etwas nicht mit reinem Gewissen tun kannst, selbst wenn andere damit überhaupt kein Problem haben, dann solltest du die Finger davon lassen (siehe Römer 14,23).

Die Navajo-Indianer stellen sich das Gewissen als ein kleines Dreieck im Herzen vor. Jedes Mal, wenn

176

man merkt, dass etwas falsch ist, dreht sich das Dreieck und sticht mit einer seiner Ecken ins Herz. Wenn man allerdings sein Herz verhärtet und sein Gewissen missachtet, dreht es sich immer weiter, weil es auf sich aufmerksam machen möchte. Dadurch nutzt es nach und nach seine Ecken ab, bis es schließlich ganz glatt und rund wird. Es dreht sich dort im Herzen immer weiter, richtet aber nichts mehr aus. Man spürt es nicht einmal mehr.

Aber wir sollten nicht nur auf unser eigenes Gewissen achten. Paulus warnt auch davor, Dinge zu tun, von denen man weiß, dass sie das Gewissen eines anderen verletzen (siehe 1. Korinther 8). Das passt ganz gut zu unserer Umfrage – wenn ein Mädchen sich in ein knallenges Top hüllt, hat sie damit vielleicht kein Problem, aber das Gewissen eines Jungen kann sie damit ganz schön belasten.

4. Such den Rat von anderen Christen

Sofern du genug Zeit hast, dir zu deinem Problem einen Rat zu holen (was manchmal nicht möglich ist, wenn man auf der Stelle eine Entscheidung treffen muss), solltest du immer nach der Meinung von anderen Christen fragen, die reifer und erfahrener sind als du. Frag sie, was sie an deiner Stelle tun würden.

5. Übe Demut, Liebe und Mut

Die Einstellung, mit der du Farbe bekennst, fällt genauso ins Auge wie die „Farbe" an sich. Leute, die immer Streit suchen, die andere Menschen und ihre Meinungen offensichtlich nicht ernst nehmen oder die sich selbst toll dabei vorkommen, richten mehr Schaden an, als sie Gutes tun.

Wir können (und sollten) sozusagen mit einem dicken Pinsel Farbe bekennen – manchmal sogar richtig grelle Farbe benutzen, wenn nötig –, aber unsere Gründe dafür müssen stimmen. Wir sollen laut der Bibel die Sünde hassen und den Sünder lieben. Für Überheblichkeit und Selbstgerechtigkeit ist da kein Platz (und auch kein Grund!).

Schau dir mal diese E-Mail an. Sie stammt von jemandem, der gesehen hat, wie wir auf die destruktiven Kommentare zu der „Sittsamkeits"-Umfrage reagiert haben. In seiner Mail ging es nicht um den Inhalt unserer Umfrage, denn damit stimmte er nicht überein, sondern mit der Art, wie wir sie durchgeführt haben. Im Endeffekt zeugte unsere Einstellung von der Wahrheit dessen, was wir gesagt haben:

Ich wollte einfach sagen, dass ich echt zu schätzen weiß, wie ihr mit dem Ansturm von kritischen Kommentaren umgegangen seid. Interessanterweise bin ich ein regelmäßiger Leser sowohl des Rebelution-Blogs als auch der Website, von der, glaube ich, die meisten Kommentare einprasseln.

Ich finde gut, dass ihr so höflich seid und ihre Kommentare nicht löscht. Der Gegensatz zwischen der Art, wie sie hier behandelt werden, und der, wie die meisten Rebelutionäre von ihnen behandelt werden, ist ziemlich krass, fürchte ich.

Euer freundlicher Umgang spricht wirklich für euch und euren Glauben. Obwohl ich selbst eher liberal, atheistisch und pro Abtreibung eingestellt bin, finde ich es übel, wie gemein die meisten Kommentare sind. Und toll, wie höflich und überzeugt ihr für euren Glauben eintretet.

6. Trag zur Lösung des Problems bei

Erwirb dir nicht den Ruf, immer *gegen* etwas zu sein. Sei *für* etwas. Versuche, nicht auf Probleme aufmerksam zu machen, ohne auch Lösungen vorzuschlagen. Mach es dir zum Ziel, Leuten einen besseren Weg zu zeigen – Gottes Weg –, anstatt nur zu sagen, dass sie momentan auf dem falschen Dampfer sind.

Jessica Leonard (15), Megan Dutill (16) und Joanna Suich (17) hatten es satt, dass die meisten Jugendzeitschriften so oberflächlich waren – selbst christliche. Aber anstatt sich nur über die Dunkelheit zu beschweren, beschlossen diese Mädchen, selbst ein Licht anzuzünden, indem sie *Bloom!*, ihr eigenes Magazin für Mädchen, ins Leben riefen (bloom-blog.blogspot.com). Tolle Idee, oder?

Uns geht es nicht nur darum, dass die Menschen in unserem Umfeld schädliche Gewohnheiten aufgeben sollen, sondern dass sie anfangen, sich für Gott zu interessieren. Das erreichen wir nicht durch „Dagegensein", sondern indem wir leidenschaftliche Botschafter sind, die Farbe bekennen und der Welt zeigen, wie toll Gott ist.

Wenn du Farbe bekennen willst, dann jetzt

Der Film *Amazing Grace* erzählt die inspirierende Geschichte von William Wilberforces langem Kampf gegen den Sklavenhandel im Britischen Weltreich. In der ersten Szene steht William jedoch nicht in den ehrwürdigen Hallen des Parlaments. Der Regisseur Michael Apted stellt uns stattdessen William Wilberforce als einen Mann vor, der bereit ist, im strömenden Regen seine Kutsche anzuhalten und durch den Schlamm zu waten, um einige Männer davon abzuhalten, weiter auf ein Pferd einzudreschen, das vor Anstrengung zusammengebrochen ist.

„Wenn ihr es ein bisschen ausruhen lasst, wird es bald wieder aufstehen", sagt der klatschnasse Wilberforce. Es ist nicht schwer zu sehen, was Apted damit zum Ausdruck bringen möchte: Dies ist ein Mann, der sich für die Benachteiligten einsetzt, egal wann, egal wo, nicht nur im britischen Oberhaus und nicht nur dann, wenn gerade jemand zuschaut.

Als Martin Luther seine 95 Thesen an die Tür der Schlosskirche zu Wittenberg schlug, war das nicht das erste Mal, dass er Farbe bekannte. Lange bevor er zum Kaiser des Heiligen Römischen Reiches zitiert wurde und vor der Wahl stand, entweder seine gewagten Äußerungen zu widerrufen oder als Ketzer gebrandmarkt und für vogelfrei erklärt zu werden (was bedeutete, dass ihn jeder einfach ungestraft töten konnte), hatte er gelernt, sein Leben in Gottes Hand zu legen.

So sagte er dann vor dem mächtigsten Mann seiner Zeit: „Hier stehe ich. Ich kann nicht anders. Gott helfe mir. Amen."

Der Gott, zu dem Luther betete, hatte schon oft seine Treue bewiesen. Und ob Luther sein Leben verlieren oder es behalten würde – er wusste, dass sein Gott auch dieses Mal treu sein würde.

Weder Wilberforce noch Luther hätten gegen das Böse und die Ungerechtigkeit in ihrer Generation ankämpfen können, wenn sie nicht zuerst gelernt hätten, gegen das Böse in ihren eigenen Herzen anzukämpfen. Bei uns ist das nicht anders.

Jesus hat gesagt: „Wer mir folgen will, muss sich und seine Wünsche aufgeben, sein Kreuz auf sich nehmen und auf meinem Weg hinter mir hergehen" (Markus 8,34–35). So sieht's aus, Leute!

Letztendlich ist es immer Gott, der uns in jeder Situation die Kraft gibt, standzuhalten. Wir haben jeden Tag zahllose Gelegenheiten, Vertrauen und Gehorsam zu üben – selbst wenn es uns einiges kostet. Für Gott in großen, manchmal öffentlichen oder sogar gefährlichen Situationen einzustehen wird unter anderem dadurch möglich, dass wir uns vorher schon oft im Kleinen zu ihm gestellt haben. Jedes Mal, wenn wir gegen den Strom schwimmen und tun, was richtig ist, trainieren wir unsere Muskeln.

Wenn wir Gott heute in der Schule nicht unsere Ängste wegen unserer vielleicht schwindenden Beliebtheit anvertrauen können, wie könnten wir ihm dann eines Tages unser Leben auf dem Missionsfeld anvertrauen? Wenn wir uns heute im Klassenzimmer nicht zu unserem Glauben an ihn bekennen, wie könnten wir das dann mal an einer Stelle tun, wo es wirklich darauf ankommt – zum Beispiel im Zeugenstand bei einer Gerichtsverhandlung?

Denk mal einen Moment an die Geschichten und Vorschläge in diesem Kapitel zurück und beantworte die folgenden Fragen:

- Gibt es einen Bereich, in dem du definitiv gegen den Strom schwimmen solltest, es aber bis jetzt nicht gemacht hast?
- Gibt es etwas in deinem Leben, das definitiv falsch ist, das du aber trotzdem weitermachst?

Wenn dir zur zweiten Frage etwas eingefallen ist, dann schieb es nicht beiseite. Geh den ersten rebelutionären Schritt. Diese schwierige Sache, an die du gerade denkst, ist vielleicht die größte, herausforderndste und lohnenswerteste Sache, die du je getan hast. Verpass das Gute nicht, zu dem Gott dich einlädt, und denk nicht, dass es „doch egal" sei.

Das Richtige zu tun oder nicht ist nie egal. Viel hängt davon ab – und zwar jetzt.

Teil 03

Und jetzt alle ...!

Aufstand einer Generation

Die Entstehung einer Gegenkultur
(und eine Prise Salz)

Conner Cress war ein ganz gewöhnlicher 15-Jähriger, der an einem ganz gewöhnlichen Frühlingstag seinem ganz gewöhnlichen Leben nachging, als bei ihm zu Hause eine Info-Zeitschrift im Briefkasten landete. Sie stammte von der Organisation *World Vision*, die sich weltweit um Armut und deren Auswirkungen kümmert.

Conner war gerade von der Schule gekommen und ging nach oben auf sein Zimmer. Wie immer wollte er sich auf dem Weg dorthin noch schnell die neuen Zeitschriften schnappen, die auf der Küchentheke lagen. Meist waren da mehrere. Heute gab es nur eine.

Normalerweise überflog Conner die Zeitschriften nur flüchtig, um nach Comics und Preisausschreiben zu gucken, aber dieses Mal zog ihn jede Seite fast magisch an. 10 Minuten vergingen. Dann 20. Dann 30. Eine Stunde später saß er immer noch auf seiner Bettkante.

Es handelte sich bei der Zeitschrift um eine Sonderausgabe über die weltweite Armut. Seite um Seite zeigte tief bewegende Bilder. Kleine Kinder, bis auf die Knochen abgemagert, starrten Conner an. Ihre zu Skeletten zusammengeschrumpften Körper waren schockierend, aber es waren ihre Augen – große, leere Augen ohne einen Funken Hoffnung –, die ihn einfach nicht mehr losließen. Conner fragte sich, ob die Kinder auf den Bildern inzwischen überhaupt noch am Leben waren. *Hat ihnen irgendjemand geholfen? Kümmert das irgendeinen?*

Die Zeitschrift nahm Conner mit auf eine Reise durch eine Welt, der er sich überhaupt nicht bewusst gewesen war; eine Welt, in der 1,1 Milliarden Menschen kein sauberes Trinkwasser haben und kleine Kinder nicht einmal weinen können, weil sie so ausgetrocknet sind. Innerlich schrie Conner auf: *„So etwas darf doch nicht sein!"*

Plötzlich schien sein ganz gewöhnliches Leben gar nicht mehr so gewöhnlich. Er hatte das Gefühl, als würde Gott ihn anstupsen und sagen: „Schau mal, wie viel du hast, Conner. Sieh dich doch mal um! Ich habe dich mit so vielen Dingen gesegnet. Was wirst du daraus machen?"

Da wusste Conner, dass sein Leben sich ändern würde.

Das war vor zwei Jahren.

Eine andere Dimension

Ist es dir auch schon mal so ähnlich ergangen wie Conner an dem Tag: dass du quasi in eine andere Dimension getreten bist, die ganz anders, viel größer und erheblich beunruhigender war als deine bisherige Welt? Vielleicht kam dir eine Missionsreise so vor. Oder du hast gelesen, wie viele Abtreibungen pro Woche durchgeführt werden, oder im Fernsehen gesehen, wie Kinder in anderen Ländern den ganzen Tag lang in irgendwelchen dunklen Löchern sitzen und Zigaretten drehen.

Da gingen dir möglicherweise Gedanken durch den Kopf wie diese:

- Es ist vielleicht doch kein so großes Ding, dass ich dieses Wochenende nicht zu der Party eingeladen bin.
- Gestern habe ich mehr Essen weggeschmissen, als dieses Kind die ganze Woche bekommt.
- Vergib mir, Herr, dass mir oft Dinge wichtig sind, die überhaupt keine Rolle spielen!

Solche Aha-Momente relativieren unsere persönlichen Problemchen ein wenig. Auch rufen sie oft ein starkes Echo hervor. In diesem Kapitel geht es um dieses Echo: unsere „gewöhnliche", bequeme Welt gegen eine größere und sehr reale Welt einzutauschen, die sich bei uns zu Hause normalerweise selten blicken lässt.

In diesem Kapitel wollen wir den Bereich der persönlichen *Rebelution* (dem „Fünfmal schwierig") verlassen, um uns die *Rebelution* als ganze Bewegung anzuschauen. Damit ist eine Gegenkultur gleichgesinnter Jugendlicher gemeint, deren Bemühungen von Gott gesegnet werden und die zusammen Geschichte schreiben könnten.

Dazu möchten wir eine sehr ernste und spannende Frage stellen: Könnte es sein, dass die Teenager von heute eine einmalige Chance haben, die Welt zu verändern – nicht nur als Einzelne, sondern als Generation? Etwas zu tun, das wirklich die Geschichte mitgestalten kann? Anders ausgedrückt: Könnte es einen Grund dafür geben, dass gerade *wir* in diesem Schlüsselmoment der Geschichte auf dieser Erde sind?

Einige schauen sich unsere Generation und die Herausforderungen an, die auf uns zukommen, und verzweifeln völlig. Wir nicht! Wenn eine Generation schwere Kämpfe durchstehen muss, dann weckt Gott auch immer Leute auf, die vorangehen oder mitmachen. Und oft sind das junge Leute. In der Bibel lesen wir, dass Teens wie Josef, Samuel, David, Josia, Jeremia, Esther und Maria von Gott für Megagroßes erwählt wurden – und den Lauf der Geschichte verändert haben.

Unserer Meinung nach passiert heute genau das Gleiche. Gott ist am Werk, und Jugendliche auf der ganzen Welt merken das. Sie reagieren darauf, indem sie ihre geringen Erwartungen gründlich umkrempeln, Schwieriges kreativ anpacken und dadurch Dinge ins Rollen bringen.

Was passiert, wenn Rebelutionäre gemeinsam aktuelle Probleme angehen? Stell dir die Möglichkeiten vor, die sich auftun, wenn eine Generation nicht mehr davon ausgeht, dass sich schon irgendjemand um die kaputte Welt kümmern wird, und stattdessen erkennt: Wir selbst müssen handeln! Wie sieht es aus, wenn ein Jugendlicher Feuer und Flamme für Gott ist und andere davon angesteckt werden?

Jesus sagt uns, wie so eine Gegenkultur aussieht, die Gott ehrt und die Welt verändert: In den Evangelien finden wir zwei aussagekräftige Beispiele dafür, wie eine Gruppe, die Jesus nachfolgt, wirklich einen ganzen Planeten aus den Angeln heben kann.

Operation „Salz und Licht"

Jesus sagt uns: *Ihr seid das Salz für die Welt. Wenn aber das Salz seine Kraft verliert, wodurch kann es sie wiederbekommen? Es ist zu nichts mehr zu gebrauchen. Es wird weggeworfen, und die Menschen zertreten es. Ihr seid das Licht für die Welt. Eine Stadt, die auf einem Berg liegt, kann nicht verborgen bleiben. Auch zündet niemand eine Lampe an, um sie dann unter einen Topf zu stellen. Im Gegenteil, man stellt sie auf den Lampenständer, damit sie allen im Haus Licht gibt. Genauso muss auch euer Licht vor den Menschen leuchten: Sie sollen eure guten Taten sehen und euren Vater im Himmel preisen* (Matthäus 5,13–16).

In diesem Abschnitt gibt uns Jesus zwei unterschiedliche Bilder davon, was es heißt, sein Jünger zu sein: Wir sind Salz. Wir sind Licht. Nur, was heißt das?

Wenn wir an Salz denken, fällt uns wahrscheinlich als Erstes so etwas ein wie: *Davon brauch ich was auf meine Pommes.* Aber bei Jesus geht es nicht um Salz, wie wir es heutzutage benutzen. Obwohl Salz auch zur römischen Zeit als Gewürz gebraucht wurde, war es in erster Linie ein Konservierungsmittel. In einer Welt ohne Kühlschränke und Gefriertruhen schützte man Fleisch vor dem Verderben, indem man es mit Salz einrieb.

Wenn uns Jesus also das „Salz der Erde" nennt, meint er damit, dass wir sie bis zu seiner Rückkehr vor dem Verderben bewahren sollen. Das heißt: Wir sollen gegen die Fäulnis der Sünde angehen, Krankheit und Leid mildern und Korruption und Ungerechtigkeit bekämpfen.

Und das Licht? In der Bibel wird Licht oft als Bild für die Wahrheit benutzt, besonders für die Wahrheit, die Gott durch sein Wort offenbart hat. Wenn wir mit einer Stadt auf einem Hügel oder einer Lampe verglichen werden, dann bedeutet das, dass wir Christen die Wahrheit in Wort und Tat hochhalten sollen. Wir strahlen (im Idealfall) das Licht überall um uns herum aus – hinein in jeden Winkel.

In einer Rede vor den Studenten der Universität von Notre Dame hat Francis Schaeffer, der große Verteidiger des Glaubens, diese tiefgreifende Aussage gemacht:

Das Christentum besteht nicht aus einer Reihe von Wahrheiten – Plural -, sondern vielmehr aus einer großen Wahrheit. Es ist die Wahrheit über die gesamte Realität, nicht nur über religiöse Aspekte. Das biblische Christentum ist die Wahrheit über die gesamte Realität – das bedeutet, diese totale Wahrheit zunächst intellektuell zu erfassen und dann im Licht dieser Wahrheit zu leben.

Genau das meinte Jesus, als er uns dazu aufrief, Licht zu sein. Wo nicht ganz saubere Methoden und Denkweisen vorherrschen, da sollen wir Denkweisen und Methoden einführen, die sich auf diese „totale Wahrheit" gründen. Jesus gibt uns hier zwei Leitbilder, nach denen sich Rebelutionäre richten können, um ihr Umfeld zu beeinflussen. Unser Auftrag besteht nicht nur darin, Gott und sein Wort zu lieben, sondern die Welt radikal mit Leben und Wahrheit zu durchstrahlen.

Die beiden Konzepte von Salz und Licht machen den Auftrag für unsere Gegenkultur klar. Wir bringen auf zweierlei Art Veränderung in unsere Welt: erstens, indem wir *gegen* Sünde, Leid und Verfall ankämpfen, und zweitens, indem wir uns *für die* Wahrheit und die Gerechtigkeit einsetzen. Und damit ist schon eine ganze Menge abgedeckt.

Was wir nicht alles tun können!

Einige Christen denken fälschlicherweise, dass man Theologie studieren oder Missionar werden (oder zumindest einen heiraten) muss, wenn man „wirklich für Gott leben" möchte. Missionar und Pastor sind Berufungen, aber radikales Christsein mit nur einer Handvoll Leute gleichzusetzen ist nicht nur falsch, sondern gefährlich.

Die *Rebelution* braucht Christen, die in allen Bereichen des Lebens Salz und Licht sind: in Wirtschaft, Wissenschaft, Medizin, Jura, Politik, Familie, Technik, Bildung, Kunst und allem sonst. Gottes Wort ist die Wahrheit für das ganze Leben. Und da jeder von uns nun mal einzigartig ist, kann und muss es innerhalb einer Generation, die Schwieriges für Gott anpacken möchte, auch eine wunderbare Vielfalt geben.

Die *Rebelution* braucht christliche Musiker. Und damit meinen wir nicht unbedingt Bands, die ständig von Jesus singen, sondern Musiker, die Kultur und Kreativität von Gott her angehen und sehen, wo es in unserer Generation geistliche und moralische Fäulnisprozesse gibt, die sie bei ihren Zuhörern mit Wahrheit und Leben heilen können.

Die *Rebelution* braucht Christen in der Wirtschaft. Damit meinen wir nicht einfach Leute, die 10 Prozent ihres Gehalts spenden, Vorstandstreffen mit einem Gebet beginnen und Missionswerke unterstützen. Wir brauchen Männer und Frauen, die sich für eine biblische Sicht von Geschäftsführung und Finanzen einsetzen; die ehrlich und sauber bleiben; die Menschen dienen und sie nicht bloß ausnehmen wollen; die Erfolg haben, weil sie Gutes tun und nicht, weil sie an allen

Ecken und Enden sparen oder mogeln und die richtigen Connections haben; und die innovative Wege finden, um dort, wo sie sind, Salz und Licht zu sein.

Die *Rebelution* braucht christliche Filmemacher. Damit meinen wir Geschichtenerzähler mit einer biblischen Weltanschauung, die wissen, wie man das Potenzial von gut erzählten Storys nutzt, um auch die düsteren Aspekte des Lebens mit der Wahrheit Gottes zu berühren.

Das sind nur drei von vielen Beispielen. Eine blühende christliche Gegenkultur bekämpft Armut, hilft Kranken und deckt Korruption auf, während sie genauso energisch gegen die Wurzel allen Übels angeht – Sünde und geistliche Dunkelheit. Eine Generation von Rebelutionären schreibt Bücher, dreht Filme, erzieht Kinder, entwirft Ideen, stellt sich zur Wahl und forscht in Wissenschaft und Medizin. In jedem Lebensbereich, mit dem wir in Berührung kommen, wollen wir der Wahrheit des Wortes Gottes Geltung verschaffen.

Die drei Säulen

Vielleicht ist dir aufgefallen, dass wir eine Warnung von Jesus völlig übersprungen haben:

Wenn aber das Salz seine Kraft verliert, wodurch kann es sie wiederbekommen? Es ist zu nichts mehr zu gebrauchen. Es wird weggeworfen, und die Menschen zertreten es (Matthäus 5,13).

„Wegwerfen" und „zertreten" sind keine schönen Worte. Wodurch könnten wir unsere Kraft verlieren? Wodurch könnten wir in den Augen der Welt nutzlos werden?

Die Antwort auf diese Frage ist unserer Meinung nach in drei Worten zu finden, denen du schon mehrfach in diesem Buch begegnet bist. Sie sind so wichtig, dass wir diese Dinge die „drei Säulen der Rebelution" nennen: Charakter, Kompetenz und Teamarbeit.

Salz und Licht zu sein ist das Ziel von uns Rebelutionären, aber die drei Säulen sind der Weg dorthin. Jede einzelne von ihnen hat einen unschätzbaren Wert. Allerdings muss man sie alle drei zusammentun, um eine effektive, tragfähige Gegenkultur aufzubauen.

Überleg mal kurz, wie viele christliche Leiter, Organisationen und Initiativen schon durch einen einzigen peinlichen Fehler in Verruf gekommen sind. Meistens versagen sie, weil sie eine der Säulen außer Acht gelassen haben. Zum Beispiel:

- Ein Pastor ist zwar ein großartiger Redner und Leiter, wendet aber sein Wissen über Gott und die Bibel nur bedingt auf sein Privatleben an. Der Pastor hat Kompetenz, aber Mängel auf dem Gebiet Charakter.
- Ein Team, das im Sommer einen Missionseinsatz durchführt, investiert viel Arbeit, um den Bedürftigen zu helfen, aber Streitigkeiten unter den Mitarbeitern machen alles sehr schwierig. Das Team hat Charakter, aber die Teamarbeit hat Schwächen.

- Ein neu gegründetes Unternehmen bringt einige der besten jungen Ingenieure der Branche an einen Tisch, doch ein unausgereifter Geschäftsplan und schwächelnde Finanzen legen das vielversprechende Vorhaben lahm. Die Firma ist gut in Teamarbeit, es mangelt aber an Kompetenz.

Unsere Vision für die *Rebelution* möchte diese drei Eigenschaften in einer neuen Generation zusammenfließen lassen: in Jugendlichen, die darauf brennen, Jesus ähnlicher zu werden und das Evangelium weiterzugeben (Charakter), die jede Menge Kreativität und die nötigen Fähigkeiten in sich vereinen (Kompetenz), und alles daran setzen, gleichgesinnte Rebelutionäre zu finden und mit ihnen zusammenzuarbeiten (Teamarbeit), um einer verlorenen und verletzten Welt Hoffnung und Heilung zu bringen.

Allein der Gedanke daran begeistert uns schon total! Allerdings hat es auch vor uns schon Generationen gegeben, die etwas tun wollten, aber keine richtige Wirkung erzielten. Sie haben sogar ihrem eigenen Anliegen geschadet, weil sie nicht kompetent genug waren. Es gibt jede Menge christliche Filmemacher, Autoren, Politiker, Geschäftsleute, Künstler, Pastoren und Leiter, die trotz bester Vorsätze kläglich scheitern.

Wir geben trotzdem die Zuversicht nicht auf. Wir kennen nämlich jede Menge Rebelutionäre, die bereits Großes bewegen. Und noch wichtiger, die nicht einfach etwas anderes *machen* wollen, sondern sich darin üben, anders zu *sein*. Sie bedenken, was Jesus gesagt hat: „Genauso muss auch euer Licht vor den Menschen leuchten: Sie sollen eure guten Taten sehen und euren Vater im Himmel preisen" (Matthäus 5,16).

Solche Rebelutionäre wissen: Kompetenz ist wichtig, weil das Leben als Christ vom aktiven Handeln geprägt ist, und dieses Handeln soll Gott ehren. Sie haben kapiert, dass viele christliche Ansätze nicht abgelehnt werden, weil die Leute nichts von Gott hören wollen, sondern weil die Ausführung oft so stümperhaft ist. Daher streben sie nach Qualität. Sie glauben auch nicht der Lüge, dass der Glaube eine Privatsache ist und nur zu Hause ausgelebt werden sollte.

Und wir kennen auch Rebelutionäre, die charakterliche Demut mit einer großen Leidenschaft für Teamarbeit verbinden. Sie arbeiten zusammen, um größere Dinge zu erreichen, als sie allein schaffen könnten. Sie inspirieren und ermutigen sich gegenseitig, bringen ihre unterschiedlichen Begabungen und Ressourcen zusammen und nutzen die Möglichkeiten moderner Technik, um rund um den Globus Dinge und Menschen zu bewegen.

Wir kennen Jugendliche, die gemeinsam Geschäfte aufmachen, Organisationen ins Leben rufen und christliche Dienste gründen, obwohl sie in verschiedenen Staaten oder auf verschiedenen Kontinenten leben.

Hoffentlich bist du genauso begeistert wie wir von dem Potenzial und der Kraft, die im Zusammenspiel von Charakter, Kompetenz und Teamarbeit liegen.

Aber vielleicht bist du auch entmutigt, weil bei dir nicht alle drei Säulen gleich stark sind. Keine Sorge!

Ganz ehrlich gesagt erfordert es nämlich viel Arbeit und ständige Aufmerksamkeit, um alle drei in deinem Leben ins Gleichgewicht zu bringen. Und die gute Nachricht ist, dass man Charakter und Kompetenz am besten aufbaut, indem man – *tada!* – schwierige Dinge tut! Auch gelingt es meist dann am besten, Menschen als Mitstreiter zu gewinnen, wenn man eine wichtige Sache anpackt, die die eigenen Möglichkeiten übersteigt.

Charakter, Kompetenz und Teamarbeit – das sind die Mittel, durch die unsere Generation Salz und Licht sein kann, das nicht „weggeworfen" und „zertreten" wird.

So, jetzt haben wir eine grobe Skizze von der *Rebelution*-Gegenkultur in der Hand. Dann wollen wir doch mal sehen, wie Conners Geschichte ausgegangen ist.

In einem Jahr die Welt verändern

Die Zeitschrift und die Fotos darin hatten einen so tiefen Eindruck auf Conner gemacht, dass er sie wochenlang einfach nicht vergessen konnte. Jedes Mal, wenn er ein Glas mit sauberem Wasser in die Hand nahm, musste er an die Kinder in Afrika denken, die täglich meilenweit laufen mussten, nur um etwas brackiges Wasser zu bekommen. Jedes Mal, wenn er sich seinen Bauch vollgeschlagen hatte und die Reste wegwarf, musste er an die ausgemergelten Körper denken.

In diesem Sommer fragte er Gott immer wieder, wie er helfen könne. Aber der Sommer ging vorüber und er hatte immer noch keine Antwort.

Endlich blitzte ein simpler Gedanke in ihm auf: *Ich könnte Armbänder basteln, sie verkaufen und mit dem Erlös einen Brunnen in Afrika bauen.*

Zuerst schien ihm die Idee ziemlich blöd. Er wusste überhaupt nicht, wie viel so ein Brunnen kostete. Doch als der Gedanke einfach nicht aus seinem Kopf wollte, ahnte Conner, dass Gott dahinter steckte.

Jetzt, wo er eine Art Plan hatte, brauchte er auch nicht lange, um loszulegen. Er wusste, dass er es nicht allein schaffen konnte. Also erzählte er vier Freunden von seiner Vision: Dan Mirolli, Jared Ciervo, Kyle Blakely und Logan Weber. Sie waren sofort mit dabei. Kyle war 17, Dan war gerade 16 geworden und der Rest war 15 – genau das richtige Alter, fanden sie, um die Welt zu verändern. Für den ersten Schwung Armbänder wollten sie Geld zusammenlegen und dann in Kirchen und Schulen Infoveranstaltungen zu ihrem Projekt anbieten. Ihre Organisation nannten sie *Dry Tears*, also „trockene Tränen" (siehe die Website www.drytears.org).

Wir begegneten ihnen zum ersten Mal auf unserer *Rebelution*-Konferenz 2007 in Denver. Sie waren gerade von einer christlichen Zeitschrift interviewt worden, die in dem Jahr eine besondere Reihe über Menschen herausbrachte, die zur Verbesserung der Welt beitrugen.

Die Jungs erzählten uns, dass sie in den zurückliegenden 12 Monaten vor Tausenden von Leuten über die Problematik der Trinkwasserversorgung in Afrika gesprochen hatten. Sie hatten über 3.500 Armbänder verkauft und T-Shirts und Wasserflaschen zu ihrem Angebot hinzugefügt. Alles in allem hatten sie mehr als 20.000 Dollar zusammengebracht, wobei gut 90 Prozent ihrer Verkäufe an Teens gegangen waren. Sie erlebten, dass viele aus ihrer Generation sich von dem Wunsch anstecken ließen, den Leidenden und Unterdrückten zu helfen.

Als wir uns unterhielten, hatten sie bereits den Bau von vier Brunnen in Afrika ermöglicht und unterstützten die Arbeit an einem Bewässerungssystem. Sie haben dabei mit der *Blood:Water Mission* zusammengearbeitet, die von der Band *Jars of Clay* gegründet wurde. Nach Schätzungen der Band hat die Arbeit von *Dry Tears* die Trinkwasserversorgung von mehr als 20.000 Menschen sichergestellt und mehreren hundert davon das Leben gerettet. Diese fünf Jugendlichen ruhen sich jetzt aber nicht auf ihren Lorbeeren aus. Sie planen gerade, ihre Möglichkeiten zu vervielfältigen, indem sie überall in Nordamerika von Teens geleitete *Dry Tears*-Gruppen ins Leben rufen.

Heiliger Ehrgeiz

Einige Leute sehen in den Jungs von *Dry Tear*s nur ein paar idealistische Kids. Dabei haben sie durch ihren Wunsch, in dieser kranken Welt Licht und Salz zu sein, in ihrer Jugendzeit schon mehr erreicht als viele Leute in ihrem ganzen Leben. Der Unterschied liegt nicht in einer besonderen Begabung. Es sind ganz normale Typen, die immer noch furchtbares Lampenfieber haben, wenn sie vor einer Gruppe Menschen reden sollen. Der Unterschied liegt in ihrem „heiligen Ehrgeiz".

Der Pastor und Autor John Piper definiert „heiligen Ehrgeiz" als etwas, das man wirklich, absolut, *total* tun möchte – und das Gott genauso sieht. Einige Leute nennen das einfach „Leidenschaft", aber es ist eine Leidenschaft, die von Gott inspiriert ist.

Was für eine Leidenschaft hast du? Am Anfang dieses Kapitels sprachen wir davon, Herz und Verstand gegenüber einer neuen, größeren Dimension zu öffnen. Sind dir beim Lesen ungeahnte Fragen, gewagte Gedanken und verrückte Ideen gekommen? Hat Gott in dir eine Leidenschaft angefacht, etwas in einem größeren Umfang zu tun: etwas, das dich mitten ins Getümmel der christlichen Gegenkultur wirft?

Wenn ja, bist du zu beneiden. Zum ersten Mal so eine persönliche Leidenschaft zu entwickeln ist häufig ein wichtiger Übergang von der Kindheit zum Erwachsensein. Betrachte deinen heiligen Ehrgeiz als Leidenschaft, die mit Gott im Hintergrund die ganze Welt umarmt. Öffne dein Herz gegenüber seiner Welt in all ihrer gebrochenen Schönheit und bete, dass er dir zeigt, wie du inmitten dieser Welt Salz und Licht sein kannst. Er wird es tun. Im nächsten Kapitel schauen wir uns an, wie Gott das bereits bei einigen anderen Rebelutionären getan hat – ein kleiner, anregender Vorgeschmack auf das, was bei dir abgehen kann.

Jugendliche Helden

Geschichten von Teenagern, die es schon tun

Zach, 15 Jahre alt, war hinter der Bühne und schaute zu, wie David Crowder zusammen mit 15.000 Konzertbesuchern Lobpreislieder sang. Sie befanden sich auf einem großen Festplatz im sonnigen Kalifornien, und Zach kam es so vor, als würde die Menschenmenge überhaupt kein Ende nehmen. Alle sangen. Sie klatschten. Sie tanzten und feierten, hoben die Arme im Lobpreis zu Gott. Zach dagegen hörte hauptsächlich zu. Er war nämlich nach der *David Crowder Band* dran.

Richtige Rockstars betreten diese Bühne, dachte er, *und nicht Kids, die gerade einmal in der neunten Klasse sind, oft mit Panikattacken zu kämpfen und eine starke Abneigung gegen Risiken haben. Solche Leute sollten hier nicht auf die Bühne. Sie sind dafür nicht geeignet.*

„Ich glaub, ich pack das nicht", murmelte er, doch seine Worte wurden von der tosenden Musik übertönt, und keiner hörte ihn.

■ ■ ■

In diesem Buch haben wir ein Bild davon gemalt, wie es sein könnte, wenn unsere Generation die Prinzipien der *Rebelution* leben würde. Im Grunde genommen passiert das bereits. Die Bewegung wächst; eine Gegenkultur kristallisiert sich heraus. Und wie du sehen wirst, gehört Zach Hunter zu ihren führenden Persönlichkeiten. Natürlich würde er sich selbst nicht so bezeichnen. Und wie du wahrscheinlich erkannt hast, fällt Zach das Ganze definitiv *nicht* leicht. Er tut einfach das, worum Gott ihn bittet. Er lässt sich von einem heiligen Ehrgeiz packen. Stimmt, es war oft schwierig für ihn, aber Zach findet sich inzwischen im Rampenlicht einer Bewegung wieder, durch die seine Welt – und auch deine – verändert wird. Und keine Bequemlichkeit, keine Ruhe der Welt könnte ihn dazu bringen, kehrtzumachen.

Zach ist nicht allein. Tausende Jugendliche widersetzen sich albernen Etiketten wie „normal" und „pubertär" und schaffen ganz neue Erwartungen. Sie sind Rebellen, die von einer anderen Art der Rebellion getrieben werden.

Zach Hunter: Ein unwahrscheinlicher Held

Im Alter von 12 Jahren stieß Zach Hunter auf eine schreckliche Tatsache: 27 Millionen Menschen auf der Welt leben immer noch in modernen Formen der Sklaverei. Und die Hälfte davon sind Kinder.

Aus Zachs schockierender Begegnung mit dieser Realität ist eine Kampagne gegen moderne Sklaverei entstanden, die diesen Teen der eher leisen Töne von einem Vorort in Atlanta auf die Bühnen der größten christlichen Musikfestivals und weit darüber hinaus geholt hat.

„Es war damals gerade *Black History Month*", erinnert sich Zach. „Ich hörte die Lebensgeschichten von Leuten wie Frederick Douglas und Harriet Tubman und dachte: *Hätte ich damals gelebt, hätte ich denen irgendwie geholfen. Ich hätte auch versucht, die Sklaverei abzuschaffen und diese Ungerechtigkeit zu bekämpfen.* Und als ich dann merkte, dass die Sache noch gar nicht erledigt ist, war mir klar: Ich konnte nicht einfach herumstehen und warten, dass irgendjemand anderes irgendetwas dagegen unternimmt."

Deshalb rief er die Kampagne *Loose Change to Loosen Chains* (LC2LC, zu deutsch ungefähr: „Trenn dich von deinem Kleingeld, um Ketten zu sprengen") ins Leben. Die Beteiligten sammeln Spenden und schaffen ein Bewusstsein für das Ausmaß moderner Sklaverei. Die Idee ist ganz simpel: Gleichaltrige werden ermuntert, ihr Kleingeld an Organisationen zu spenden, die sich weltweit für die Befreiung von Sklaven einsetzen.

Warum Kleingeld? Weil sich davon buchstäblich Unsummen zwischen Sofakissen, unter Autositzen und in Krimskramsschubladen verstecken. Zach verweist gerne auf eine verblüffende Schätzung, die in der Zeitschrift *Real Simple* veröffentlicht wurde. Ihr zufolge liegen rund 10,5 Milliarden Dollar einfach so als Kleingeld in amerikanischen Haushalten herum! Die Hunters haben bei sich selbst im Laufe einer Woche fast 200 Dollar gefunden!

Zach begann mit LC2LC bei sich in der Gemeinde und Schule, und die Kampagne brachte gleich zu Beginn nahezu 10.000 Dollar zusammen. Aber für Zach war das keine Eintagsfliege. „In Jesaja 1,17 trägt Gott uns auf, den Unterdrückten und Waisen zu helfen und für Witwen einzustehen", sagt Zach. „Das ist doch ziemlich eindeutig. Gott ruft uns zum Handeln auf. Es ist doch so: Wenn einer deiner Freunde gerne Snowboarden geht und ihr das zusammen macht, dann stärkt das eure Beziehung. Nun, Gott liebt Gerechtigkeit. Wenn du zusammen mit Gott für Gerechtigkeit eintrittst, wirst du ihn besser kennenlernen, weil du bei etwas mitmachst, das Gott brennend interessiert."

Es dauerte nicht lange, da wurde bei Zach angefragt, ob er nicht der weltweite Sprecher für die *Amazing Change*-Kampagne werden wolle, die an den Film über William Wilberforce, *Amazing Grace*, gekoppelt war. Dadurch wurde LC2LC in Australien, Großbritannien und Afrika bekannt. Mit jedem Schritt wuchs bei Zach die Überzeugung, dass Gott durch jeden Menschen etwas bewirken kann.

„Die meisten Leute wissen nicht, dass ich jahrelang unter Angststörungen litt, bevor ich mit LC2LC anfing", sagt Zach. „Bei solchen Attacken überkam mich schreckliche Angst. Ich konnte kaum noch atmen

203

und hatte ein starkes Gefühl der Übelkeit." Manchmal wurde das so schlimm, dass Zach sich sofort hinlegen musste, bis der Anfall vorbei war. Diese Angstattacken machten ihm schwer zu schaffen und zerstörten fast sein Selbstvertrauen.

Während er jetzt also auf die riesige Menschenmenge beim Musikfestival blickte, spürte Zach, wie sich seine alten Ängste wieder bemerkbar machten. Die *David Crowder Band* brachte ihre Aufführung gerade zum Abschluss. Jetzt kam es drauf an. *Kann ich wirklich vor 15.000 Menschen sprechen?*

Er drehte sich zu seiner Mutter um und wiederholte eindringlich: „Ich glaub, ich pack das nicht!"

Zu seiner Überraschung sagte sie: „Okay. Dann lass es sein."

Einen Moment lang tobte ein Kampf in dem schüchternen Teen. Dann stand er auf. „Nein", sagte er entschlossen. „Ich muss das machen. Wenn ich mich nicht dafür einsetze, macht es keiner."

Während seine Mutter betete, betrat er die Bühne. Fünf Minuten später brach die gesamte Menge in einen leidenschaftlichen Schrei für Menschenwürde und Gerechtigkeit aus, im Namen der Menschen, deren Schreie nicht gehört werden. „FREIHEIT!", dröhnte es aus 15.000 Kehlen.

Zach hatte einen Auftrag gefunden, der größer war als seine Furcht.

Wie weit wird ihn sein heiliger Ehrgeiz bringen? Wir werden es sehen. Bis jetzt hat dieser Ehrgeiz ein von Panikattacken geplagtes Kind in einen jungen Mann verwandelt, der schon vor insgesamt über einer halben Million Menschen bei Live-Events gesprochen hat, zahlreiche Fernsehauftritte hatte, zwei Bücher geschrieben (*Be the Change* und *Generation Change*) und sogar eine Rede im Weißen Haus gehalten hat.

Vielleicht mag Zach deshalb die Geschichten im Alten Testament so gern, in denen Gott für seine Vorhaben die unwahrscheinlichsten Kandidaten wählt: Kandidaten wie David, der Nachzügler unter Jesses Söhnen; Jeremia, dessen Milchgesicht noch ganz frei von jeglicher Behaarung war (na gut, wir übertreiben); oder Maria, das Dorfmädchen, das erwählt wurde, die Mutter von Jesus Christus zu werden.

„Ich träume davon, in meiner Lebenszeit das weltweite Ende der Sklaverei zu sehen", sagt Zach und zitiert den jungen britischen Staatsmann William Pitt aus dem Film *Amazing Grace*: „Wir sind zu jung, um zu wissen, dass bestimmte Dinge unmöglich sind – also tun wir sie einfach."

Und da Gott immer noch in der Branche tätig ist, die sich unwahrscheinliche Helden aussucht, um seine großen Pläne umzusetzen, hat Zachs unmögliche Mission bereits begonnen.

Wir können etwas im Leben der Sklaven bewirken. Dabei spielt es wirklich keine Rolle, wie jung wir sind. Es spielt keine Rolle, ob wir körperliche oder seelische Probleme haben. Es spielt keine Rolle, welche Farbe unsere Haut hat oder

wo wir herkommen. Jeder kann etwas tun. Jeder kann denen
eine Stimme geben, die keine Stimme haben.

Zach Hunter, 16

Jazzy Dytes: Kleine Stimme, große Welt

Von der Grundschule bis zur Highschool hat sich
Jazzy Dytes einen Namen als einer der schlausten
jungen Köpfe in Davao City gemacht, einer Großstadt
auf den Philippinen. Bei Wettbewerben zwischen verschiedenen Schulen war sie immer die Top-Vertreterin
ihrer eigenen Schule, und sie hat immer gewonnen.
Sie hielt Reden, schrieb Artikel, führte Rededuelle und
war ein Mathe-Genie. Mit der Regelmäßigkeit eines
Metronoms gewann Jazzy Auszeichnungen und Anerkennung. Jeder kannte sie. Sie war einfach großartig.
Sie hatte alles. Und sie war erst 15.

Als das Rampenlicht zunehmend heller wurde, erkannte Jazzy, dass sie nur eins nicht hatte: Freiheit von
der alles bestimmenden Anwesenheit ihrer Eltern. Sie
war klug und begabt, also konnte sie doch auch allein
leben, fand sie. Diese Möglichkeit bot sich ihr, als sie
ein Stipendium von der renommiertesten Universität
der Philippinen erhielt. Nur eine Woche nach ihrem
16. Geburtstag war sie auf dem Campus. Freiheit!

Es dauerte nicht lange, da war Jazzy ohne das Wissen ihrer Eltern einer Studentinnenvereinigung beige-
treten. Ihre neuen Freundinnen führten sie in politische
Aktivitäten und ein Netzwerk von Untergrund-Orga-

nisationen ein. Sie machte bei Straßenkrawallen mit, marschierte gegen das System, protestierte gegen Unterdrückung und prangerte den Kapitalismus an. Sie wurde zur Rebellin für ihr Land und kämpfte für eine Sache, die sie nicht einmal so richtig verstand. Aber das war nun einmal ihre Vorstellung davon, was es heißt, für ihre Generation einzustehen: Rebellion. Und sie war absolut stolz darauf.

Zum ersten Mal in ihrem Leben war Jazzy völlig losgelöst von ihren Eltern, und sie warf alle angelernten „Fesseln" ab. Bald hatte sie einen Freund, Daryll – wiederum ohne das Wissen ihrer Eltern. In Daryll glaubte sie die Liebe ihres Lebens gefunden zu haben, und sie versprachen sich, dass sie immer füreinander da sein würden. Dank des großzügigen Stipendiums konnte sie sich jeden Wunsch erfüllen. Sie war glücklich mit ihrem Freund. Sie war glücklich mit all ihrem „Zeug". Sie war eine glückliche Rebellin. Sie hatte ihr eigenes Leben in der Hand. Nichts fehlte.

Doch dann – sie war erst seit zwei Monaten auf der Uni – stürzte ihre „perfekte" Welt in sich zusammen.

Jazzy Dytes verschwand.

Am 25. September 2006 wurde sie von der Universität als vermisst gemeldet und von der Polizei gesucht. Bald wurde bekannt, dass Daryll ebenfalls verschwunden war. Sie waren zusammen durchgebrannt. Als die beiden sich endlich wieder zeigten, hatten sie die Abschlussprüfung verpasst und ihren Ruf erheblich geschädigt. Aber inzwischen war Jazzy das total egal.

„Meine Rebellion hatte mich völlig blind gemacht", sagt Jazzy. „Ich war echt verrückt geworden."

Ihre besorgten Eltern nahmen sie mit offenen Armen wieder auf, aber Jazzy hielt sie immer noch für ihre größten Feinde. Sie agierte weiterhin hinter dem Rücken ihrer Eltern, verheimlichte ihnen, dass ihre Zensuren den Bach runtergingen, weil sie häufig nicht zum Unterricht ging und stattdessen an Kundgebungen teilnahm oder mit Daryll zusammen war. (Ihre Eltern hatten ihr verboten, ihn zu sehen.)

Als sie sich schließlich bei der Universität über Jazzy informierten, waren sie total schockiert: Ihre hochintelligente Tochter würde in jedem Fach durchfallen, mit Ausnahme ihrer Lieblingsfächer: Trigonometrie und Chemie. Jazzy war von der besten Studentin der Uni zu einer der schlechtesten geworden. Jetzt, wo sie die Wahrheit nicht länger verbergen konnte, brach Jazzy zusammen und beichtete alles. Ihre Eltern meldeten sie sofort von der Universität ab und brachten sie nach Hause, und das Rampenlicht, in dem sie seit der Grundschule gestanden hatte, erlosch.

Vom Glück nun scheinbar für immer verlassen fiel Jazzy in eine tiefe Depression. Sie war überzeugt, dass sie all das nie wieder gutmachen konnte, konnte sie sich doch nicht mal sich selbst vergeben. Früher war sie von allen bewundert worden; nun wurde über sie getratscht. Sie unternahm einen Selbstmordversuch, der noch rechtzeitig von ihrem Bruder verhindert wurde. Danach ertrug sie nicht einmal mehr ihr eigenes Spiegelbild.

Nachdem sie sich fast einen Monat lang total von allem isoliert hatte, kam eines Tages die Tochter eines Pastors vorbei. Die Mädchen unterhielten sich, und schlussendlich kamen sie auf Gott zu sprechen. Das Mädchen lud Jazzy in ihre Kirche ein und gab ihr Bücher und Zeitschriften zu lesen, zusammen mit einem Link zu einer Website, die *TheRebelution.com* hieß.

Als sie noch am selben Tag die erste christliche Zeitschrift aufschlug, las sie die folgenden Worte:

Man kann so mit seiner Vergangenheit beschäftigt oder so von der Gegenwart gefangen sein, dass man nicht darauf achtet, was Gott in der Zukunft mit einem vorhat.

Jazzy fing an, in der Bibel zu lesen. Zwei Tage später schrieb sie nach langer Zeit wieder in ihr Tagebuch und betitelte ihren Eintrag mit den Worten: „Gott liebt mich!" Das war der Moment, in dem ihr Lächeln zurückkehrte. Sie vergab sich selbst, weil sie begriff, dass Gott ihr vergeben hatte. Sie fand die Freiheit, die sie die ganze Zeit gesucht hatte – und zwar durch Jesus Christus. Zehn Tage vor ihrem 17. Geburtstag, mit einer weißen Weste und weit weg vom Rampenlicht, sah Jazzy Dytes einer ganz neuen Zukunft entgegen. Allerdings nicht mehr als Rebellin. Jetzt war sie eine Rebelutionärin.

Sie war noch nie eine gewesen, die halbe Sachen macht, und so legte sich Jazzy voll ins Zeug, um die Liebe Gottes mit anderen zu teilen, genauso leiden-

209

schaftlich, wie sie sich vorher den Krawallen und Protesten hingegeben hatte. Sie war entschlossen, die Talente, die Gott ihr gegeben hatte, allein für ihn einzusetzen, nur ihm zu dienen und zu folgen. Zwei Monate später arbeitete sie ehrenamtlich in einer Einrichtung für benachteiligte Kinder mit. Sie kümmerte sich um Gang-Mitglieder, misshandelte Kinder und Mädchen, die sexuell missbraucht worden waren. Die Rebellin, die vorher nicht wusste, was sie tat, war jetzt von einem heiligen Ehrgeiz gepackt. Die zornige Aktivistin war zu einer liebevollen Advokatin geworden.

„Wie redet man mit einem Gang-Mitglied?", fragte uns Jazzy vor nicht allzu langer Zeit per E-Mail. „Wie hilft man einem Mädchen, das sexuell missbraucht worden ist? Ich sehe da keine Chance für mich. Ich kann's einfach nicht. Ich habe Angst davor, mich unter diese Leute zu mischen. Es ist schon zu viel für mich, nur Blickkontakt mit ihnen zu haben. Wenn es an mir läge, würde ich lieber sagen: ‚Nein, Danke, Herr. Such dir lieber jemand anders.' Aber es ist nun mal Gott, der mich bittet. Er hat mir den Wunsch ins Herz gelegt, diese Jugendlichen auf den Weg zu ihm zu geleiten. Soll ich etwa Gottes Ruf ablehnen, weil ich Angst habe oder zu gehemmt bin? Sind sie etwa hoffnungslosere Fälle, als ich es war?"

Ich werde nie aufhören, Jugendlichen nachzugehen, die Gott noch nicht kennen. Ich werde immer versuchen, ihre Herzen und Seelen für Gott zu erwärmen. Ich glaube, dass Gott mir

dazu die nötige Kraft und die richtigen Worte geben wird.
Denn in meinem Innern ist die DNA einer Rebelutionärin!
Obwohl ich noch jung bin – nur eine kleine Stimme in einer
großen Welt –, glaube ich, dass Gott mich gebrauchen kann.
Und ich bin bereit, jede Herausforderung anzunehmen, die
mir mein Herr vor die Füße stellt.

Jazzy Dytes, 17

Brittany Lewin: Mehr als nur Politik

Als sich die 17-jährige Brittany Lewin entschloss, im Juli 2006 an einem kommunalen Frühstück in Weld County, Colorado, teilzunehmen, hatte sie keine Ahnung, dass sie den Saal als frisch gebackene Wahlkampfmanagerin für einen ehemaligen Kongressabgeordneten verlassen würde.

Der Redner bei dem Frühstück war der Republikaner Bob Schaffer, der zu Colorados Bildungsausschuss gehörte und wiedergewählt werden wollte. Nach seinem Vortrag, der ihr sehr gefallen hatte, ging Brittany auf ihn zu und fragte, ob sie irgendwie bei seinem Wahlkampf behilflich sein könne. Nie im Leben hätte sie seine Antwort erwartet: „Willst du ihn leiten?"

Auf dem Nachhauseweg schwang Brittanys Stimmung hin und her zwischen Gelächter, Erstaunen (*Meint er das echt ernst?*) und Panik (*Ich habe keine Ahnung, wie man so etwas macht*). Als sie zu Hause ankam, schickte sie Schaffer sofort eine E-Mail, nur um sicher zu gehen, dass er seinen Wahlkampf tatsächlich von einem Teenager leiten lassen wollte. Seine Antwort kam sofort: Ja, er wollte ein Team, das von Jugendlichen geleitet wird.

Er meinte es wirklich ernst.

Es dauerte keine Stunde, da war Brittany in der Bücherei und lieh sich Ratgeber über Wahlkampfprinzipien, Internet-Recherche und das Erstellen von Broschüren aus. Sie hatte absolut keine Ahnung, worauf sie sich da einließ, glaubte aber, dass Gott ihr da eine Tür geöffnet hatte. Und sie wollte unbedingt durch diese Tür gehen.

Bei einem darauffolgenden Planungstreffen mit Mr Schaffer wurde die Vorgehensweise festgelegt: Erstens sollte das komplette Wahlkampfteam einzig und allein aus Jugendlichen bestehen. Brittanys Freundinnen Rachel (19) und Jenna (17) würden die Jobs der Koordinatorin und Pressesprecherin übernehmen. Zweitens sollten sie alle ihren Chef duzen und „Bob" nennen („Das war ziemlich komisch", sagt Brittany). Drittens würde Brittany eine tatsächliche, waschechte Wahlkampfmanagerin sein – mit einer bezahlten Vollzeitstelle.

Zu den dringendsten Aufgaben des Wahlkampfs gehörten Büroarbeiten und die Erstellung einer Website und eines Flyers für den Wahlkampf. Da keiner der Teens irgendwelche Erfahrung in Sachen Wahlkampfmanagement hatte, war fast alles eine Lernerfahrung – spannend, aber auch beängstigend. Zu Brittanys Aufgaben gehörte es zum Beispiel, dass sie Schaffer bei zahlreichen Veranstaltungen vorstellte und bei Politik-Zusammenkünften Leute auf den neuesten Stand des Wahlkampfs brachte. Sie musste ständig über jedes Detail des Wahlkampfs informiert sein, angefangen vom Kontostand, über Umfragen bis hin zu den Events, bei denen Bob sprach.

Rückblickend muss Brittany über die unglaubliche Vielschichtigkeit ihres Jobs lachen: „Ich beaufsichtigte den Webauftritt der Kampagne, schrieb den Text für eine Radio-Werbung, verfasste Spendenaufrufe, beantwortete ungefähr eine Milliarde Anrufe und E-Mails, gab Radio- und Zeitungsinterviews und moderierte sogar zusammen mit zwei anderen jugendlichen Mitarbeitern ein komplettes Radioprogramm. Ich musste *echt* alles Tag für Tag und Schritt für Schritt angehen."

Als wäre die Herausforderung bei all diesen neuen Aktivitäten noch nicht groß genug, musste Brittany auch die Skepsis aushalten, die die Leute wegen ihrer Jugend ihr gegenüber hatten. Während viele die Idee gut fanden, den Wahlkampf von Jugendlichen leiten zu lassen, bekundeten andere offen ihre Zweifel daran, dass eine 17-Jährige eine Kampagne mit einem Budget von 55.000 Dollar allein managen könne.

„Ohne Frage, es gab Zeiten, da hielt ich es selbst nicht für möglich", gibt Brittany zu. „Aber Bob glaubte, dass ich es könnte, und das hat er mir auch jeden Tag gesagt. Noch wichtiger: Ich wusste, dass Gott mich mit allem ausrüsten würde, was ich brauchte, um die Aufgabe zu meistern."

Eine der größten Aufgaben des Teams war die Verteilung von 85.000 Wahlkampfzeitungen, der *Bob Schaffer Education Times*. Die Zeitung wurde ausschließlich von Schülern verfasst und berichtete sowohl über die Wahlkampftour und Bobs Erfahrungen als auch über die Geschichte und Aufgabe des Bildungsausschusses. Illustriert war sie mit Dutzenden von Fotos, die Teens zeigten, die am Wahlkampf mitwirkten.

„Man kann sich gar nicht richtig vorstellen, wie viel das ist, bis man mal 85.000 Zeitungen aus einem Lkw ausgeladen hat", sagt Brittany und lacht dabei wieder. „Ihr hättet die Gesichter meiner Familienmitglieder sehen sollen, als ich eines Tages mit 25.000 Zeitungen ankam, die ich irgendwo abstellen musste."

Als die Wahl näher rückte, wurde alles immer hektischer. Die Arbeitstage streckten sich auf 14 Stunden, und die Mitarbeiter der Wahlkampfzentrale waren vom Schlafmangel gezeichnet. Brittany weiß noch, wie sie ihrer Mutter einmal spät abends erzählte: „Es gibt 400.000 Wähler im Wahlkreis, und mein Job ist es, dafür zu sorgen, dass sie alle Bob Schaffer wählen."

Sie meinte das als Scherz – mehr oder weniger.

Zweieinhalb Monate nach dem besagten Frühstück war Wahltag, und die Skeptiker bekamen ihre Antwort: Bob Schaffers Teenager-Kampagne brachte ihm einen eindrucksvollen Sieg. Er erhielt 57 Prozent der Stimmen! Am 7. November 2006 feierten sie ihren Sieg.

Im Nachhinein ist Brittany total erstaunt darüber, was sie geleistet hat. Doch sie hält es nicht wirklich für etwas Außergewöhnliches. „Viele Leute, einschließlich Senatoren und Kongressabgeordneten, haben mir gesagt, dass ich etwas ganz Besonderes geschafft hätte. Aber ich glaube echt, dass andere Teens nicht nur das Gleiche hinkriegen würden, sondern sogar noch viel schwierigere Sachen."

Bereut Brittany irgendetwas? Findet sie, dass sie etwas verpasst hat, weil sie nicht genug Spaß hatte? (Tipp der Autoren: Wenn du Brittany diese Frage stellst, mach dich auf eine sehr leidenschaftliche Antwort gefasst!)

„Wer hat denn je behauptet, dass es keinen Spaß bringt, schwierige Sachen zu machen?!", platzt es aus ihr heraus. „Wer so was denkt, hat keine Ahnung! Ganz im Gegenteil: Ich finde höchstens, dass ich etwas verpasst habe, weil ich nicht noch Schwierigeres angepackt habe. Etwas richtig Horizonterweiterndes zu tun bringt viel mehr Spaß als shoppen oder ins Kino zu gehen."

Die Gelegenheit, die Brittany hier am Schopf gepackt hat, sieht sie als Beweis dafür an, dass Gott für jeden Einzelnen einen Plan hat. Sie ist sich sicher, dass die Fähigkeiten und Erfahrungen, die sie sich im Wahlkampf angeeignet hat, ihr in Zukunft bei den Aufgaben zugutekommen werden, die Gott vielleicht für sie auf dem Radar hat.

„Meine Lebensvision besteht darin, mich jeden Tag Gott völlig auszuliefern", erzählte uns Brittany am Telefon. „Ich weiß nicht, was die Zukunft für mich be-

215

reithält, aber ich weiß, *wer* die Zukunft in seiner Hand hält."

Fürs Erste gehört zu dieser Zukunft wohl weiterhin die Politik. Sie hat nämlich einen Anruf von der Wahlkampfzentrale eines Präsidentschaftskandidaten erhalten ...

„Wenn ich einen Blick in meine Zukunft werfen könnte, so wie ich sie mir erhoffe ..." Sie hält inne. Dann, als hätte sie plötzlich ganz neue Zuversicht gepackt, fährt die heute 18-Jährige fort: „... dann sehe ich mich in einem Haus voller Kinder, eins auf meinem Schoß und das Telefon in der Hand, während ich mich mit irgendeinem Wahlkampfmanager darüber unterhalte, wie die nächste Pressemitteilung aussehen soll."

Sie lacht und kommt richtig in Fahrt.

„Politik und Wahlkampf finde ich zwar total spannend, aber es gibt keinen Job in der Politik, der so viel Freude und Erfüllung bringen könnte, wie die Berufung, Mutter zu sein. Kampagnen werden gewonnen und verloren; Wahlen gibt es jedes Jahr, und ich kann nur einen gewissen Teil dazu beitragen. Viel mehr fesselt mich die Vorstellung, dass auf der ganzen Welt Rebelutionäre Kinder großziehen, die Gott lieben, geringen Erwartungen trotzen, Dinge für Gott bewegen und gemeinsam eine Gegenkultur aufbauen."

Letztendlich sind es nicht Brittanys eindrucksvolle politische Leistungen, sondern ihre von Herzen kommenden Schlussworte, die eine Gegenkultur am meisten fördern:

Ich glaube, dass Gott mir Türen geöffnet hat und mir in der Politik wichtige Dinge beigebracht hat, damit ich später die Art von Frau werde, die er sich wünscht. Es war eine Vorbereitung. Mir gefällt die Vorstellung, von der Wahlkampfmanagerin zur Haushaltsmanagerin zu werden. Mutter zu sein – das ist eine höhere Berufung als die Politik.

Brittany Lewin, 18

Leslie und Lauren Reavely: Hoffnung auf die Straße bringen

Morgens um 5:30 Uhr. Das Heulen des Feueralarms, der Gestank von Rauchbomben und die Sirene der Feuerwehr rissen Leslie und Lauren Reavely aus dem Schlaf.

„Nur Schlafsack und Schuhe mitnehmen!", brüllte ein Rettungshelfer. „Ihr seid jetzt Flüchtlinge! Das Gebäude steht in Flammen. Ihr müsst sofort abhauen!"

Wie die Mädchen bald merkten, brannte das Gebäude eigentlich gar nicht – es war nur eine Übung. Aber während die beiden Schwestern zusammen mit 50 anderen Schülern auf ein naheliegendes Feld evakuiert wurden, konnten sie sich immer besser vorstellen, wie man sich als wirklicher Flüchtling fühlt.

Leslie und Lauren (14 und 11 Jahre alt) nahmen an einem Sommercamp am Trout Lake in Washington teil. Organisiert von *WorldVenture* soll das Camp Jugendlichen einen Eindruck davon geben, wie das Leben von Flüchtlingen in aller Welt aussieht und ihnen so einen Vorgeschmack auf das Dasein als Entwicklungshelfer oder Missionar geben. Bei Leslie und Lauren hat das ziemlich gut funktioniert.

Sie verbrachten die nächsten anderthalb Tage in einem provisorischen Flüchtlingslager. Alle durchwühlten das Feld, um vielleicht noch verstreute Erdnüsse zu ergattern, die man bei der Ernte vergessen hatte. An manchen Bäumen im Wald hatten die Organisatoren Obst befestigt. Die Campteilnehmer bauten sich notdürftige Unterkünfte aus Kartons und Abdeckplanen, die sie von einer nahe gelegenen Müllhalde herbeischleppten, und hoben Latrinen aus. Waschgelegenheiten? Fehlanzeige. Keiner wusste, was als nächstes kommen würde, aber sie machten sich auch keine großen Sorgen. Immerhin war es ja ein gut organisiertes Camp, also sozusagen ein kalkuliertes Risiko.

Nach ihrem zweiten Tag als „Flüchtlinge" durften sich die Schüler in eine Schlange stellen, um Geschenke von der Organisation *Weihnachten im Schuhkarton* zu ergattern, „aus Amerika eingeflogen". In den Kartons fanden sie einfache Alltags-Utensilien wie Zahnbürste und -creme, ein Stück Seife und eine Wasserflasche. Sie konnten kaum fassen, wie sie sich über diese Grundausstattung freuten!

Wenige Tage später waren Leslie und Lauren wieder zu Hause in Portland, Oregon, und genossen eine Klimaanlage, warme Betten und einen gut gefüllten Kühlschrank. Aber das Camp hatte einen tiefen Eindruck auf sie gemacht. Sie konnten einfach nicht vergessen, was für ein wunderbares Gefühl es gewesen war, an dem einen Abend beim Camp ihre Zähne zu putzen und ihre Hände mit Seife zu waschen. Dabei hatten sie bloß zwei lachhafte Tage als Flüchtlinge gelebt. Was war mit Leuten, die monate- und sogar jahrelang so lebten?

In den folgenden Wochen fielen den Mädchen plötzlich Obdachlose auf, die sich durch Müllcontainer wühlten und unter Brücken schliefen. Die waren natürlich schon immer da gewesen; Portland hatte sich nicht verändert – Leslie und Lauren schon. „Wir kapierten, dass Obdachlose so etwas wie Flüchtlinge in unserer eigenen Stadt sind", sagt Leslie. „Und wir können diesen Flüchtlingen helfen."

Davor hatten die Mädchen nie so recht gewusst, wie sie mit Obdachlosen umgehen sollten. Lauren weiß noch, wie sie einmal mit ihrer Mutter im Auto fuhr und nichts als eine Honigmelone dabei hatte, die sie einem hungrigen Mann am Straßenrand gab. „Wir haben uns allerdings nicht überlegt, wie er die ohne Besteck essen würde." Lauren errötet. „Ich weiß gar nicht, ob sie überhaupt reif war."

Doch ihre Erfahrung im Camp hat ihnen eine neue Sichtweise gegeben – und eine Idee. Sie sprachen mit ihren Eltern und einem Mitarbeiter des sozialen Dienstes darüber, und riefen dann *Hope 2 Others* (H2O) ins Leben. H2O stellt für Obdachlose Päckchen zusammen mit wesentlichen Dingen wie einer Flasche

Wasser, Müsliriegel, Thunfisch in Dosen, Knäckebrot, Fruchtsnacks, Taschentücher, Handtücher, Essensmarken von der Suppenküche und ein kleines Buch, in dem sie etwas über die Liebe Gottes erfahren.

„Einmal pro Monat halten wir Packpartys ab und bieten dann die Päckchen in unserer Gemeinde zum Kauf an", erklärt Leslie. Die Päckchen kosten drei Dollar pro Stück, um die Kosten zu decken, und sind dafür gedacht, dass man sie sich ins Auto legt. Wenn man dann auf einen Obdachlosen stößt, hat man etwas wirklich Nützliches, das man ihm geben kann.

Das Projekt hat diesen „nicht wirklich schüchternen, aber auch nicht gerade super selbstsicheren" Mädchen viele Möglichkeiten gegeben, Gott zu vertrauen und aus ihrer Kuschelecke herauszukommen.

„Am schwierigsten war es für mich ganz am Anfang", erinnert sich Leslie. „Lauren und ich sollten unsere Idee der Gemeindeleitung vorstellen. Ich hatte solche Schmetterlinge im Bauch und war so aufgeregt, dass ich schon Angst hatte, meine Stimme würde mir versagen! Das Treffen verlief aber gut und jetzt läuft unsere Arbeit, aber damals hatte ich keine großen Hoffnungen. Das war echt nervenaufreibend!"

Seitdem haben Leslie und Lauren (inzwischen 16 und 13) um die 500 Päckchen unters Volk gebracht, und sie waren auch schon in der größten Zeitung von Oregon mit einem Bericht vertreten: „Teenager öffnen ihre Herzen für Portlands Obdachlose!", lautete die Überschrift.

Doug Hazen, der Direktor des Missionarscamps, das die Idee angeregt hatte, war so von ihrer Arbeit beeindruckt, dass er sie einlud, einen Vortrag bei dem jährlichen Bankett ihrer Organisation zu halten. Daraufhin wurde das gesamte Missionarscamp '07 auf das Thema aufgebaut, dass Teens anderen helfen können. „Die beiden Reavely-Mädchen waren meine Inspiration", sagt Doug.

Angesichts des starken Interesses mussten die Mädchen eine Strategie entwickeln, wie sie mit den Anfragen von Gruppen umgehen sollten, die ähnliche Arbeitszweige in ihren Kirchen und Schulen anfangen wollten.

„Inzwischen geben wir CD-ROMs weiter, auf denen wir eine Anleitung verfasst haben, wie man selbst eine H2O-Initiative anfangen kann. Wir haben auch eine Website (hope2others.blogspot.com), auf der sich Leute über unsere Arbeit auf dem Laufenden halten können", erklärt Lauren. „Leute, die wir überhaupt nicht kennen, helfen mit. Die Sache hat unsere wildesten Erwartungen übertroffen."

Trotz des Erfolges hatten die Mädchen oft mit Entmutigung zu kämpfen, sei es, weil sich die Päckchen nicht so gut verkauften, wie sie es sich wünschten, oder weil jemand die ganze Idee infrage stellte.

„Wenn das passiert, scheint uns Gott aber immer neue Ermutigung durch Menschen zu schicken, die durch unsere Arbeit berührt worden sind", sagt Leslie. „Es ist toll, die positiven Reaktionen der Obdachlosen zu sehen oder von Leuten zu hören, die froh darüber sind, mit unseren Päckchen ein Stück von Gottes Liebe weiterreichen zu können."

Eine der schönsten Begebenheiten erlebten die beiden, als sie einer obdachlosen Frau bei einer Autobahnausfahrt ein Päckchen gaben und sie sie beobachten konnten, während sie an der Ampel warteten. Als erstes zog die Frau den Müsliriegel und das Buch heraus. Zu Leslies und Laurens Freude (genauer gesagt hüpften sie im Auto auf und ab!) fing sie an, in dem Buch zu lesen, und als sie wegfuhren, las sie *immer* noch!

„Am meisten wünschen wir uns, dass hungrige, hoffnungslose Menschen Hoffnung bei Jesus finden", sagt Lauren. „Aber ganz ehrlich dachten wir gar nicht, dass sie überhaupt so ein Buch lesen würden. Als wir sahen, dass diese Frau so großes Interesse daran zeigte, war das für uns die Bestätigung, dass bei Gott echt alles möglich ist."

Gott zu vertrauen, dass er das Unmögliche tut – das war die Hauptlektion, die Leslie und Lauren aus dieser ganzen Geschichte gelernt haben.

Bei Gott ist nichts unmöglich! Wenn dir irgendetwas auf dem Herzen brennt oder du etwas Bestimmtes für Gott tun möchtest, sag nicht: „Das geht nicht." Verschließ dir nicht die Tür, nur weil du Zweifel oder Ängste hast. Gott kann es tun, und zwar auch durch dich! Unterschätze ihn nicht. Er kann deine Erwartungen sogar übertreffen. Ich weiß das aus eigener Erfahrung.

Leslie Reavely, 16

Brantley Gunn: Das Missionsfeld nebenan

Er schmuggelte Bibeln nach China, wurde mit vorgehaltener Waffe in Afrika ausgeraubt und gründete eine gemeinnützige Organisation in Mississippi. Trotzdem sieht sich Brantley Gunn (16) einfach als gewöhnlichen Teen, der nur einige etwas ungewöhnliche Sachen macht. Das tut er, weil er dafür einen sehr guten Grund hat.

„Den Missionsauftrag Jesu zu erfüllen, das war in unserer Familie schon immer ein wichtiges Thema", sagt Brantley. „Schon im Kindergartenalter habe ich mit meiner Familie in der Suppenküche der Heilsarmee geholfen und an Feiertagen Überraschungspakete für arme Familien verteilt."

Als Elfjähriger nahm Brantley dann an einem Missionseinsatz seiner Gemeinde teil. Er kann sich noch gut daran erinnern, wie er zusammen mit seinem Vater Koffer voller Bibeln durch die Straßen Chinas schleppte. Das war der Zeitpunkt, an dem er das erste Mal spürte, dass Gott ihn dazu berief, seinen Einsatz nicht auf gelegentliche Trips und besondere Anlässe zu beschränken, sondern sich ganz der Mission zu widmen.

Ein Jahr später war Brantley auf einer weiteren Missionsreise, diesmal in Kenia. Sein erster Eindruck: schlammige Straßen, unvorstellbare Fliegenschwärme und trostlose Hütten, die aus Stöcken und getrocknetem Kuhmist gemacht waren. Sechs Leute, zwei Ziegen, eine Kuh und drei Hunde lebten zusammen in einer winzigen Bruchbude. Überall krabbelten Mistkäfer herum.

„Ich wünschte, dass alle westlichen Jugendlichen einfach mal einen Tag lang erleben würden, wie es in Afrika ist", sagt Brantley. „Das würde sie total verändern. Ich glaube, es würde sie aufrütteln und dazu motivieren, etwas in der Welt zu bewegen."

Brantleys Erlebnisse öffneten ihm die Augen für die zerbrochene Schönheit der Welt. Er lernte, wie wichtig es ist, sowohl die körperlichen als auch die geistlichen Bedürfnisse von Menschen im Blick zu haben. „Jesus hat sich oft erst um das körperliche Wohl der Menschen gekümmert und dann um ihre geistlichen Bedürfnisse", erklärt er. „Wenn man am Verhungern ist, kann man sich keine großen Gedanken um etwas anderes machen."

Als Brantley wieder zu Hause in Mississippi war, klärten sich seine Gedanken. Seine „neuen Augen" begannen zu sehen, dass die afrikanischen Hütten in Nairobi den baufälligen Häusern in den Ghettos seiner Heimatstadt Jackson ziemlich ähnlich sahen. Eine kurze Recherche bestätigte seinen Verdacht: Um ihn herum gab es mit die größte Armut und städtische Verwahrlosung der ganzen USA!

Brantley Gunns Missionsfeld wartete genau vor seiner Haustür auf ihn.

Mit einem heiligen Ehrgeiz ausgerüstet, „für Waisen und Witwen zu sorgen, wenn sie in Not sind" (Jakobus 1,27), gründete Brantley eine Hilfsorganisation für bedürftige Familien in Mississippi. Der Verein heißt *Students Aiding Indigent Families* (SAIF) und kauft leerstehende, heruntergekommene Häuser in den Elendsvierteln von Jackson auf. Dann werden Schülerteams zusammengetrommelt, um die Häuser wieder herzurichten. Wenn so ein Haus dann renoviert ist und wieder verkauft werden kann, hilft Brantley dem neuen Besitzer – meist eine alleinerziehende Mutter –, die nötige Bankfinanzierung zu bekommen und alle weiteren Dinge zu regeln.

Natürlich war es alles andere als einfach, eine derart große Sache auf die Beine zu stellen. Brantley brachte Stunden damit zu, sich zu informieren, wie man überhaupt einen Wohltätigkeitsverein gründet. Er arrangierte Treffen mit gemeinnützigen Unternehmen, Gemeindediensten, Handwerkskammern, Immobilienmaklern und Investoren. In den drei Jahren seit der Gründung hat Brantley über 200 Schüler für sein Anliegen gewonnen und SAIF hat einen Jahresgewinn von mehr als 100.000 Dollar abgeworfen. Aber Brantley weiß noch sehr gut, wie er angefangen hat: ohne Geld, ohne Mitstreiter und ohne Erfahrung.

„Angesichts solcher scheinbar unüberwindlichen Hindernisse hätte jeder andere Dreizehnjährige das Handtuch geschmissen und sich wieder seinen Videospielen gewidmet", sagt Steve Guyton, einer der erwachsenen Vorstandsmitglieder von SAIF. „Aber nicht Brantley. Der Junge hat echt Stehvermögen."

Interessanterweise sieht Brantley selbst das anders. „Ich halte mich nicht für etwas Besonderes", hat er uns erzählt. Ihm ist die ganze Aufmerksamkeit sogar peinlich, und das, obwohl er lange mit ADS (Aufmerksamkeitsdefizitsyndrom) zu kämpfen hatte und in der Schule immer gehänselt wurde, weil er so klein war (erfreulicherweise hat er in den letzten Monaten einen Wachstumsschub gehabt, sagt er uns).

„Ich glaube, die meisten Teens könnten das machen, was ich gemacht habe", sagt er. „Aber die meisten interessieren sich eben mehr für Sport und solche Sachen. Der einzige Unterschied zwischen ihnen und mir ist, dass ich mich mit anderen Sachen beschäftige."

Was nicht heißt, dass er sich nicht zu vergnügen weiß. Auf einer Motocross-Bahn kann er ganz schön Gas geben. Als Beweis dafür hat er einige gebrochene Knochen. Aber man könnte wahrscheinlich sagen, dass seine Definition von „Vergnügen" etwas weiter gefasst ist. Für ihn gehört dazu auch, anderen zu helfen, Dinge ins Rollen zu bringen und Gott zu gefallen.

Besonders gern erzählt er ein Erlebnis, das er mit einer Frau namens Hannah hatte, die in einem Elendsquartier voller Ratten und Kakerlaken hauste. Sie hatte zwei stark behinderte Kinder und schaffte es irgendwie, mit 1.500 Dollar im Monat über die Runden zu kommen. SAIF ermöglichte es ihr, in eine frisch renovierte Dreizimmerwohnung umzuziehen, die nur einen Bruchteil der Miete des Drecklochs kostete, in dem sie vorher gewohnt hatte.

„Als ich Hannah den Schlüssel zu ihrer neuen Wohnung überreichte, hatte sie ein strahlendes Lächeln auf dem Gesicht. Freudentränen liefen ihr die Wangen hinunter", sagt Brantley. „Ich ziehe so viel Kraft aus all den fröhlichen Gesichtern der Menschen, denen ich helfe – Menschen wie Hannah. Ihr Strahlen leuchtet heller als die Sonne."

Wenn ich mit meiner Arbeit beschäftigt bin, muss ich daran denken, was Eric Liddell in dem Film Die Stunde des Siegers *sagt: „Beim Laufen kann ich Gottes Freude spüren." Genauso ergeht es mir: Bei der SAIF-Arbeit kann ich Gottes Freude spüren. Ich habe das Gefühl, genau das zu tun, was er für mich im Sinn hat. Das bedeutet es für mich, als Teenager Spaß zu haben und sein Leben voll auszuschöpfen.*

Brantley Gunn, 16

Der Stand der Dinge – und was werden kann

„Die Welt erwartet nicht viel von unserer Generation. Aber trotzdem oder vielleicht sogar genau deshalb, glaube ich, werden wir einige gewaltige Sachen zustande bringen", erklärt der 19-jährige Leeland voller Begeisterung. „Mir kommt es echt so vor, als ob sich in unserer Generation eine Intensität aufbaut: eine Leidenschaft, die einfach auf etwas losgelassen werden muss, das richtig und rein ist."

Während wir in Leeland Moorings Tour-Bus sitzen, wenige Minuten bevor seine Grammy-nominierte Band *Leeland* die Bühne des *Memorial Coliseum* in Portland betreten wird, kommt es uns fast vor, als hätten wir einen verlorenen Drilling gefunden – abgesehen von seinen rötlichen Haaren und seinem musikalischen Können (aus irgendeinem Grund lädt er uns einfach nicht ein, in seiner Band mitzumachen). Sieht man von diesen äußerlichen Unterschieden ab, ist er genau so drauf wie wir. Seine Worte drücken genau das aus, was wir auch sagen möchten.

„Ich glaube, unsere Generation hat die Welt satt", fährt er fort. „Sie hat all das Zeug satt, das sie zu bieten hat. Sie machen mit dem ganzen blöden Kram nur weiter, weil sie nichts anderes kennen. Ist doch so! Deswegen wollen wir als Band unsere Generation aufwecken. Wir wollen, dass die Jugendlichen schwierige Sachen anpacken. Wir wollen, dass sie total für Gott brennen."

Bist du dir wirklich sicher, dass wir nicht miteinander verwandt sind?

Seit wir uns vor zweieinhalb Jahren auf diese erstaunliche Reise begeben haben, hat es uns immer wieder aus den Latschen gehauen, wenn wir von Jugendlichen auf der ganzen Welt denselben Herzensschrei gehört haben – eine innere Rastlosigkeit, die endlich eine Stimme findet.

Leeland hat recht. Unsere Generation ist *wirklich* reif für eine Alternative. Wir *sind* reif für etwas Großes.

In diesem Kapitel hast du einige unwahrscheinliche Helden kennengelernt, die bereits vormachen, was es heißt, die Jugendzeit neu zu definieren. Mit 12 haben sie eine tiefe Abscheu gegen Ungerechtigkeit und Sklaverei entwickelt, mit 14 ihr Herz für Obdachlose entdeckt oder sich mit 17 entschieden, dass es durchaus möglich ist, eine 55.000 Dollar teure Wahlkampagne zu leiten.

Zwar bietet dieses Kapitel nur den Querschnitt einer viel größeren Realität, aber wir hoffen, dass du dir einen kurzen Eindruck vom Stand der Dinge – und davon, was werden kann – verschaffen konntest. Eine Generation ist am Aufwachen! Das spüren wir. Rebelutionäre wie Zach, Jazzy, Brittany, Leslie, Lauren, Brantley und Leeland haben uns das sehen lassen. Die Sache ist echt. Sie passiert wirklich.

Und nun ist es an der Zeit, dass du deine Geschichte schreibst.

Jetzt kommen die Rebelutionäre

Deine Vision in die Tat umsetzen

Nach zwei mörderischen Stunden erreichten wir endlich die Spitze des Bergkamms in der Front Range in Colorado. Bergauf hatte die hohe Wand der Schlucht die Frühlingssonne abgeschirmt, und der Pfad hatte uns mindestens ein Dutzend Mal hin und her über den Fluss geführt. Wir sind jeder mehrmals auf den eisigen Felsen ausgerutscht, und unsere Jeans waren unten völlig eingefroren. Nun wärmte uns die Sonne, während wir das Panorama genossen.

Es war atemberaubend.

Unter uns lag das alte Schloss von Glen Eyrie, umgeben von dunkelgrünem Wald. Weiter weg war die Stadt Colorado Springs zu sehen, gekrönt von einem Himmel in sattem Blau, besprenkelt mit einigen weißen Wölkchen. Zu unserer Linken sahen wir den „Garten der Götter" mit seinen krassen roten Sandsteinformationen. Über uns lag nur noch der mit Schnee bedeckte Gipfel, Pikes Peak. Selbst die Falken flogen unterhalb von uns dahin.

Wir hangelten uns vorsichtig zu einem schmalen Felsvorsprung, der über den Canyon ragte. Dort machten wir es uns bequem, lasen in der Bibel und sangen Lobpreislieder. Während wir so zwischen Himmel und Erde hockten, wurden wir uns bewusst, wie klein wir sind und wie unvorstellbar groß Gott ist.

Dieser unvergessliche Morgen lag mitten in einer arbeitsreichen und stressigen Zeit. Wir hatten gerade die Ergebnisse der „Sittsamkeits"-Umfrage veröffentlicht und bereiteten uns auf unsere erste große Konferenztour vor, die in diesem Sommer stattfinden sollte. Selbst unsere Reise nach Colorado war Arbeit und hatte mit der *Rebelution* zu tun. Doch als wir dort oben in der Sonne saßen – weit oben über der Welt –, schienen die Konferenzen uns plötzlich nicht mehr so überwältigend zu sein und wir fühlten uns nicht mehr ganz so müde.

Ein gutes Buch kann so ähnlich sein wie unsere Bergerfahrung an dem Tag. Man kommt aus seiner täglichen Plackerei heraus zu einem ganz neuen Ort. Man verbringt Zeit auf dem Berggipfel, von wo aus man viele Dinge deutlicher und aus einem ganz neuen Blickwinkel sieht. Man gewinnt neue Kraft und ist dann bereit, wieder ins Tal zu gehen und mit frischen Vorsätzen loszulegen.

Wir hoffen, dass du dieses Buch so erlebt hast. Wie wir am Anfang sagten, ist es ein etwas anderes Teenie-

231

Buch. Es fordert dich heraus, ein schwierigeres aber auch besseres Leben zu wählen – für deine Jugendzeit und darüber hinaus. Wir sind uns bewusst, dass es kein Buch mit einer leicht verdaulichen Botschaft ist, aber wir haben uns bemüht, nicht nur über Ideen zu reden. Wir wollten dir zeigen, wie diese Ideen auch wirklich von Jugendlichen auf der ganzen Welt umgesetzt werden.

Und auf unserer gemeinsamen Reise den Berg hinauf haben wir doch ganz schön viele Höhenmeter zurückgelegt, oder?

Zuerst haben wir den Mythos der Jugendzeit bloßgestellt und uns angeschaut, wie uns die Teenie-Jahre in eine spannende Zukunft katapultieren können. Dann haben wir die Mentalität, die Schwieriges anpackt, in ihre Einzelteile zerlegt und die fünf schwierigen Aspekte gezeigt, die deine Welt verändern können:

- Dinge, die dich aus deiner Kuschelecke holen – *Risiken eingehen, um zu wachsen.*
- Dinge, die die Erwartungen sprengen – *die Messlatte hoch legen.*
- Dinge, die du nicht allein tun kannst – *große Träume haben.*
- Dinge, die sich nicht sofort rentieren – *im Kleinen treu und sauber sein.*
- Dinge, die sich von der Masse abheben – *für das Richtige Farbe bekennen.*

In den folgenden Kapiteln haben wir dann etwas weiter geblickt und die *Rebelution* als ganze Bewegung gesehen. Wir haben gefragt, wie es wohl ist, wenn eine neue Generation Salz und Licht wird, indem sie die drei Säulen der *Rebelution* in sich verbindet: ein Jesus ähnlicher Charakter, echte Kompetenz und großartige Teamarbeit. Und im letzten Kapitel haben wir dann einen Blick auf die inspirierenden Geschichten erhascht, die von einer wachsenden Gegenkultur von Rebelutionären bereits geschrieben werden.

Jetzt sind wir auf dem Gipfel angekommen, und hoffentlich hast du jetzt einen klareren Blick davon, wie man sein Leben auch angehen und spannender gestalten kann. Gleich geht es wieder zurück in den Alltagstrubel des normalen Lebens, und dafür würden wir dir gern noch ein paar Gedanken mit auf den Weg geben – als Ermutigung und Inspiration. In deinem Leben wirst du nämlich die wichtigste Geschichte des ganzen Buches schreiben: deine eigene!

Damit es auch haften bleibt

So eine Erfahrung auf dem Berggipfel kann schon toll sein. Da sind die Prioritäten klar und wir können den Weg, der vor uns liegt, ohne Probleme sehen. Aber wenn man sich erst einmal an den Abstieg macht, verblasst diese Klarheit wieder. Zurück im Tal gibt es mehr Hindernisse und weniger Weitblick. Man kommt sich nicht mehr ganz so unbesiegbar vor (oder man verliert das Gleichgewicht und landet mit ausgestreckten Händen in einem Kaktus, wie es uns beim Abstieg passiert ist – aua!).

Es ist schwierig, aus einer tollen Idee eine tatsächliche Aktion zu machen.

Deswegen unsere Frage an dich: Wie kannst du es schaffen, die aufregenden Gedanken, die du beim Lesen hattest, auch wirklich umzusetzen? Was kannst du tun, damit die Sachen haften bleiben, die du gelernt hast? Und im schlimmsten Fall – wie kannst du die prächtige Aussicht im Kopf behalten, während du dir Kaktusstachel aus den Händen ziehst?

Die Antwort lautet: Erstell dir eine gute Karte von deinem Ziel und dem Weg dorthin.

In diesem Kapitel wollen wir dir zeigen, wie du in Gang bleiben, wachsen und den Segen Gottes erleben kannst.

Die folgenden drei Beispiele werden zwar deinen eigenen Herausforderungen nicht genau entsprechen, aber wir glauben, dass sie jedem Rebelutionär, der den ersten Schritt machen möchte, praktische Hilfen an die Hand geben.

Weg mit dem Alten

Noah geht in die Mittelstufe. Er musste sich eingestehen, dass er endlich ein paar faule Kompromisse angehen sollte, wenn er ein Rebelutionär sein wollte. Sein Jugendpastor hatte erst kürzlich eine schonungslose Predigt über Hebräer 12,1 gehalten: „Da uns eine solche Wolke von Zeugen umgibt, wollen auch wir alle Last und die Fesseln der Sünde abwerfen. Lasst uns mit Ausdauer in dem Wettkampf laufen, der uns aufgetragen ist ..."

Noah weiß: Er kann nicht wirklich ausdauernd oder schnell laufen, weil er einige erhebliche Klötze am Bein hängen hat. Seine „Halo"-Sucht zum Beispiel. Er gehört zu den besseren Spielern, und das hat auch einen guten Grund: Er spielt nämlich fast jeden Tag, oft bis spät in die Nacht. Seine Zensuren leiden darunter, genauso wie Freundschaften und Familie. Er geht zwar jeden Sonntag mit seinen Eltern und seiner kleinen Schwester in den Gottesdienst, aber das war es auch schon; mehr Zeit verbringt er mit ihnen nicht.

Es ist nicht das erste Mal, dass sich Noah überführt gefühlt hat, was diese Dinge betrifft. Letzten Sommer war er mit seiner Jugendgruppe auf einem Missionseinsatz in Mexiko. „Als ich wieder zu Hause war, habe ich das Halo-Spielen für den Rest des Sommers ziemlich eingeschränkt", sagt er. „Aber als die Schule wieder anfing, da bin ich – warum auch immer – einfach in meine alten Gewohnheiten zurückgerutscht."

Aber dieses Mal soll es anders sein. „Ich weiß, wenn ich die wirklich wichtigen Sachen anpacken will, dann muss der alte Kram erst mal raus", erklärt er.

Der erste Schritt? „Die Xbox muss weg."

Hier ist Noahs rebelutionärer Fünf-Punkte-Schlachtplan:

1. **Meine Xbox 360 bei eBay verkaufen.** Noah meint damit nicht, dass er nie wieder „Halo" spielen wird, aber er braucht erst einmal einen klaren Bruch. Außerdem: Wenn er seinen Schulfreunden erzählt, dass er seine Xbox losgeworden ist, hat er auch gleich die perfekte Gelegenheit, den Grund dafür zu erklären.

2. **Mein Zimmer umstellen – buchstäblich.** Bis dahin war Noahs Zimmer immer die reinste „Halo"-Höhle gewesen. Alle Möbelstücke zeigten zum Fernseher. Selbst bei den Postern an der Wand ging es um Videospiele. Jetzt steht der Fernseher in der Garage, und alles mögliche Zeug ist im Müll gelandet oder wurde in Kartons gepackt. Noah hat sich ein „Yes you can"-Poster an die Tür geklebt und den Schreibtisch für seine Schularbeiten aufgeräumt. Dieser physische Akt des Umräumens hat seinen Entschluss gefestigt, ein Rebelutionär zu sein.

3 **Pastor Jon fragen, ob er mir ein paar gute Bücher empfehlen kann.** Als Noah klein war, hat er viel gelesen. In letzter Zeit kaum. Er entschloss sich, seinen Pastor zu bitten, ihm einige gute Bücher zu empfehlen, die ihn weiterbringen würden.

4. **Mindestens einmal die Woche etwas mit meiner Schwester machen.** Noah kann sich noch gut an all die Herausforderungen erinnern, die er schaffen musste, als er auf die Highschool kam. Er hatte sich damals immer einen älteren Bruder gewünscht, der ihn mit allem vertraut machen könnte. Momentan ist seine Schwester Michelle in derselben Lage, und Noah

möchte für sie da sein. Und wenn sie nur mal nach der Schule einen Kaffee zusammen trinken gehen – solche Zeiten werden ihre Beziehung stärken und ihnen die Möglichkeit geben, über alles Mögliche zu reden.

5. **Mindestens zweimal im Monat Papa oder Mama bei einer Arbeit helfen.** Fast jedes Wochenende macht Noahs Vater irgendetwas am Haus oder im Garten. Aber wenn Noah mal geholfen hat (was selten vorkam), dann in einem anderen Zimmer oder in einer anderen Gartenecke als sein Vater. Nun hat sich Noah entschieden, ganz bewusst mit seinem Vater zusammenzuarbeiten, damit sie bei der Arbeit miteinander reden können. In ein paar Jahren wird er seinen Schulabschluss machen, und er würde gern von seinem Vater hören, was er so zu seiner Zukunftsplanung meint. Genau das Gleiche hat er mit seiner Mutter in der Küche vor.

Wenn du die Gelegenheit hast, ihn zu fragen, wird Noah dir sagen, dass er sich schon lange nicht mehr so gut gefühlt hat wie gerade jetzt. „Klar, es ist nur ein kleiner Anfang", gibt er zu. „Aber es kommt ja in erster Linie darauf an, welche Richtung ich eingeschlagen habe. Bis vor Kurzem war das noch die Richtung Niemandsland! Ich weiß, es wird nicht immer leicht sein, mich an meinen Plan zu halten, aber ich denke, es lohnt sich. Darum geht's doch, wenn man Schwieriges anpackt, oder?"

Leuten helfen, die allein sind

Ein Rebelutionär zu sein heißt für Serena, in Sachen Sexualität einige verschwendete Jahre wieder gutzumachen. Sie weiß, dass Gott ihr vergeben hat, und jetzt möchte sie unbedingt anderen Mädchen helfen – besonders anderen Latinas –, nicht dieselben Fehler zu machen wie sie. Sie kennt Mädchen in der Schule und bei ihrem Job, die dem gesellschaftlichen Druck in Sachen Kleidung und Beziehungen nicht nachgeben wollen, aber nicht wissen, wie sie das machen sollen.

„Es gibt so viele verletzte und verwirrte Mädchen", sagt Serena. „Genau wie ich es war. Ich würde gerne dazu beitragen, eine *Rebelution* in diesem Bereich [der sexuellen Reinheit] zu starten."

Fast einen Monat lang hat Serena geschwankt, ob sie eine Arbeit ins Leben rufen soll, die speziell das Thema der sexuellen Reinheit anpackt. Vieles ist noch unausgereift, aber sie merkt, dass sie lange genug gezögert hat. Es ist Zeit für den ersten Schritt. Wenn Gott diesen heiligen Ehrgeiz in ihr Herz gelegt hat, wird er ihr auch alles Weitere schenken.

Im Folgenden Serenas rebelutionärer Fünf-Punkte-Schlachtplan:

1. **Mrs Lopez anrufen und mich mit ihr zum Kaffee verabreden – so bald wie möglich.** Eine der Personen, die Serena am meisten geholfen haben, aus ihrem Kreislauf von ziellosen Beziehungen herauszukommen,

war eine ältere Frau in ihrer Gemeinde. Mrs Lopez und Serena lernten sich bei einem missionarischen Musik-Event kennen. Sie haben zusammen gebetet und geweint, Mrs Lopez hat von ihren eigenen Fehlgriffen in diesem Bereich erzählt und wie sie davon frei geworden ist. Außerdem brachte sie Serena mit einigen anderen Mädchen zusammen, die auch Christen sind. Jetzt möchte Serena Mrs Lopez fragen, ob sie ihr bei ihrem neuen rebelutionärem Vorhaben mit Rat und Tat zur Seite stehen kann.

2. **Einen Blog anfangen und Beiträge schreiben.** Eines Tages möchte Serena eine richtige Website mit Lebensberichten, Artikeln, Diskussionsforen und so weiter haben. Aber fürs Erste reicht ein Blog. Sie kann dort Links zu anderen Seiten einbauen und eine E-Mail-Adresse posten, über die Mädchen sich mit ihr in Verbindung setzen können. Die ersten Artikel werden ihre eigene Geschichte erzählen und was sie daraus gelernt hat. Bald werden die Storys anderer Mädchen dazukommen.

3. **Nikki fragen, ob sie mir einen Flyer machen kann.** Nikki ist eine Rebelutionärin aus Pennsylvania, die super in Grafikdesign ist. Serena hat sie noch nie persönlich getroffen, aber sie haben bei verschiedenen Diskussionen auf *TheRebelution.com* miteinander gechattet und sind in Verbindung geblieben. Serena geht davon aus, dass Nikki gerne einen Flyer mit einem Text von Serena und einem Hinweis auf ihren Blog gestalten wird.

4. **Sarah fragen, ob sie mir dabei helfen kann, die Sache in der Schule bekannt zu machen.** Sarah ist Serenas beste Freundin und ein total geselliger Mensch. „Freundlich" und „übersprudelnd" sind noch zu schwache Begriffe für sie. Serena ist dagegen zurückhaltender. Der Gedanke, Flyer zu verteilen, macht ihr ein bisschen Angst – na gut, mehr als nur ein bisschen. Mit Sarah an ihrer Seite wäre das viel einfacher. Und außerdem kann sie dann nicht mehr davor kneifen.

5. **Sich informieren, wie man eine gemeinnützige Organisation gründet.** Serena hat gehört, dass es ein ziemlich aufwendiger Prozess ist, eine von der Regierung anerkannte gemeinnützige Vereinigung zu werden. Da muss sie recherchieren und sehen, was alles dazugehört. Sie muss nicht sofort eine „offizielle" Organisation gründen, aber auf lange Sicht will sie das durchaus machen und möchte nicht von vornherein begrenzen, was alles möglich ist.

Serena wird von einem heiligen Ehrgeiz vorangetrieben. Und wie das beim heiligen Ehrgeiz fast immer so ist, stehen die Details noch nicht alle fest.

„Ich hab echt keine Ahnung, was daraus wird", sagt Serena. „Aber eins weiß ich ganz bestimmt: Wenn ich Gott nicht genug vertraue, um den ersten Schritt zu tun, wird überhaupt nichts daraus."

Den Freundeskreis überdenken

Für Brandon, 14 Jahre alt, besteht die erste Phase seiner persönlichen *Rebelution* darin, völlig neu zu überdenken, mit wem er sich so herumtreibt. Er fühlte sich überführt, als er Sprüche 13,20 las, wo es darum geht, „mit den Weisen unterwegs" zu sein und nicht mit Dummköpfen zu verkehren. Er weiß: Wenn er wirklich etwas mit seinem Leben bewirken will, braucht er Freunde, die ihn ermutigen, über diese hohe Messlatte zu springen. Momentan hat er solche Freunde nicht.

Brandon hat sogar gemerkt, dass seine christlichen Freunde nicht wirklich christlicher leben als alle anderen. Schlimmer noch, in letzter Zeit hat er sich selbst dabei erwischt, wie er von ihren Witzen und ihren Sprüchen mitgerissen wurde. Zu Hause kann er nicht ungestraft so reden, aber in der Schule hat er angefangen, kernige Ausdrücke zu benutzen, um dazuzugehören. Funktioniert hat es – seine Freunde lachen alle mit ihm und klopfen ihm auf die Schulter –, aber er will nicht mehr einfach nur noch „dazugehören". Jetzt hat er andere Ziele.

„Jesus hat gesagt, dass es nichts bringt, wenn einen die ganze Welt bewundert, man aber seine Seele verliert", sagt Brandon nachdenklich. „Will ich Jesus gefallen oder lieber meinen Freunden?"

Brandon hat noch etwas anderes erkannt, nämlich dass es auch andere „Kameraden" gibt, die ihn beeinflussen. „Wenn dumme Leute einem schaden können, sind dumme Filme oder Comics dann nicht genauso schlimm?", fragt er. „Bis jetzt habe ich sie nie als ‚Freunde' gesehen, aber eigentlich sind sie das doch. Manchmal verbringe ich mehr Zeit mit diesen ‚Kameraden' als mit meinen wirklichen Freunden", gibt er zu. „Und ehrlich gesagt sind sie alle ziemlich deprimierend."

Hier Brandons rebelutionärer Fünf-Punkte-Schlachtplan:

1. **Papa und Mama alles erzählen**. Das ist einer der schwersten Punkte auf seiner Liste. Deswegen hat er ihn auch gleich an den Anfang gesetzt. Er möchte seine Eltern wissen lassen, was in der Schule abgeht und was Gott bei ihm getan hat. Er weiß, dass er ihre Unterstützung und ihre Gebete braucht, wenn er sich wirklich verändern will.

2. **Morgen in der Schule mit Jake und Logan sprechen**. Jake und Logan sind seine besten Schulfreunde, und mehr als alles würde er sie gern bei seiner *Rebelution* dabei haben. Er ist sich bewusst, dass er ihre Freundschaft nur verändern kann, wenn *er* eine andere Art von Freund wird. Auch will er Jake und Logan von der *Rebelution* erzählen und ihnen empfehlen, dieses Buch hier zu lesen.

3. **Drew und Brady übers Wochenende einladen**. Brandon möchte nicht nur seinen alten Schulfreunden gegenüber anders sein, sondern er braucht auch neue Freunde um sich, die ihm helfen, auf Kurs zu blei-

ben. Drew und Brady sind ein paar Jahre älter als er und Leiter seiner Jugendgruppe. Sie haben ihm von der *Rebelution* erzählt. Sie hatten ihm gesagt, dass sie ihn super gern in ihrem Team mit dabeihätten, und er hat vor, auf ihr Angebot zurückzukommen.

4. **Meine Internetzeit zurückschrauben, wenn es nicht um Projekte geht.** Dieser Schritt betrifft seine virtuellen Kameraden: Online-Videos, Mangas und Spiele. Brandon hat erkannt, dass Technik entweder ein Werkzeug oder ein Spielzeug sein kann, je nachdem, wie man sie benutzt. In letzter Zeit hat er sie jedoch hauptsächlich dafür verwendet, um eine Menge „dummer Freunde" in sein Leben zu lassen, und damit muss Schluss sein. Ganz zu schweigen davon, dass er als Rebelutionär nicht viel Zeit zu verplempern hat. „Und das ist auch gut so!", lacht er.

5. **Jeden Tag mindestens eine halbe Stunde in der Bibel lesen.** Brandon hat begriffen, dass es einen ultimativen Freund gibt, der noch wichtiger ist als gute menschliche Freunde. Am besten lernt man ihn kennen, indem man sein Wort liest. Brandon weiß noch nicht, ob er das immer vor der Schule schaffen wird, aber er will es sich zur obersten Priorität machen, jeden Tag in der Bibel zu lesen. Die Zeit, die er durch die eingeschränkte Internetnutzung einspart, sollte dabei helfen.

Brandon ist sich noch nicht im Klaren darüber, wie die zweite Phase seiner persönlichen *Rebelution* aussehen wird, aber er ist sich sicher: Wenn er dranbleibt, wird Gott mit ihm sein.

„In meiner Schule bin ich der erste Rebelutionär, den ich kenne", sagt Brandon, „aber andere Teens sehnen sich ja auch nach mehr. Vielleicht kann ich ja ein paar Mitstreiter finden."

Die Geschichte, die darauf wartet, erzählt zu werden

Denk an den rebelutionären Weg, auf den Gott *dich* berufen hat. Sind dir irgendwelche praktischen „erste Schritte" eingefallen, als du diese drei Storys gelesen hast? Noah, Serena und Brandon hatten in ihrer Vorgehensweise ja einiges gemeinsam, von dem wir vielleicht lernen können.

- Sie erkannten, in welcher Hinsicht sie ehrlicher zu sich selbst werden mussten.
- Sie beschlossen, ihr negatives Verhalten zu ändern.
- Sie wussten, welche Leute ihnen am besten helfen konnten, um von A nach B zu kommen, und sie machten entsprechende Pläne, um diese Beziehungen herzustellen.
- Sie legten sich ein oder zwei wichtige Schritte zurecht, die es ihnen erheblich erschwerten, einen Rückzieher zu machen. Außerdem konkretisierten sie, wann und wie sie diese Schritte gehen würden.
- Sie haben kapiert, dass sie es ohne Gottes Hilfe nicht

schaffen würden. Also machten sie sich einen praktischen Plan, wie sie die Beziehung mit ihm vertiefen konnten.

- Sie erwarteten Erfolg! Und waren davon schon begeistert!

Einige Leute fragen uns, wie unsere *Rebelution*-Idee wohl in 10 Jahren aussehen wird. Diese Frage zu beantworten ist unmöglich. Aber wenn genügend Teens dem Beispiel von Noah, Serena, Brandon und all den anderen Rebelutionären in diesem Buch folgen, werden sich die Wellen immer weiter ausbreiten. Jugendliche wie du fangen gerade erst an, ihre Lebensgeschichten zu schreiben, indem sie den Ausblick vom Berggipfel gewissenhaft umsetzen.

Es gibt eine Geschichte, die wartet darauf, erzählt zu werden. Wenn Gott will, werden eines Tages viele Menschen diese Geschichte hören und sie sich zu Herzen nehmen. Diese Geschichte ist deine eigene.

Wie sieht dein rebelutionärer Fünf-Punkte-Schlachtplan aus, um loszulegen? Nimm dir ein paar Minuten Zeit und schreib ihn auf. Deine Worte sind der Beleg für deinen Neuanfang. Und dann schließ dich uns und unzähligen anderen Jugendlichen an und komm mit in dieses Abenteuer.

Stimmt, es wird nicht leicht sein. Aber wir sind ja auch Rebelutionäre.

Wir packen das Schwierige an. Und denk dran: *Yes, you can!*

Schwieriges, die Bibel und was du damit zu tun hast

Hallo, hier ist Alex. Das Buch ist nun fertig, aber Brett und ich möchten dir noch etwas mitteilen, das nirgends so richtig hineinpasste – etwas so Wichtiges, dass diese paar Seiten dein Leben vielleicht mehr verändern könnten als alle anderen. Lass mich das erklären.

Yes, you can wurde von Christen und für Christen geschrieben, was aber nicht heißt, dass es nicht auch von Leuten gelesen werden kann, die mit Glauben nicht viel am Hut haben. Vielleicht ist ein Freund von dir Christ und hat dir das Buch gegeben oder vielleicht hast du es dir geholt, weil du den Titel interessant fandest. Egal, wie du zu dem Buch gekommen bist – hoffentlich hat es dir gefallen und dich irgendwie inspiriert.

Du musst nicht an Gott glauben, um davon zu profitieren, wenn du Schwieriges anpackst, genauso wenig wie du an ihn glauben musst, um von gesunder Ernährung oder Fitnesstraining zu profitieren. Das sind einfach die Spielregeln des Lebens, die funktionieren, weil Gott uns so gemacht hat. Auch *du* wurdest so gemacht: Du wächst, indem du Schwieriges anpackst.

Mein Bruder und ich sind Christen – ganz ungeniert. Obwohl wir häufiger versagen, als dass wir etwas hinkriegen, versuchen wir doch, unseren Glauben jede Minute eines jeden Tages zu leben, und wir können sehen, wie Gott in unserem Leben wirkt.

Deshalb wollen wir auch, dass jeder Leser – ob Christ oder nicht – genau versteht, was uns zu diesem Buch bewegt hat. Zwar packen nicht nur Leute große Sachen an, die an Gott glauben, aber wir hätten dieses Buch nie geschrieben oder dich zu schwierigen Dingen ermutigt, wenn wir nicht eine Lebensauffassung hätten, die von der Bibel geprägt ist und vom Evangelium vorangetrieben wird.

Wahrscheinlich hast du das Wort „Evangelium" schon mal gehört. Es bedeutet wörtlich „Gute Nachricht". Aber vielleicht weißt du nicht genau, worum es bei dieser guten Nachricht eigentlich geht. Deswegen möchte ich dir gern erklären, was sie mit der *Rebelution* und der Aufforderung zu tun hat, Schwieriges anzupacken.

Wir haben einen Freund, der Pastor einer Kirche in Washington DC ist. Er heißt Mark Dever und erklärt die gute Nachricht in nur vier Worten: „Gott", „Mensch", „Jesus" und „Antwort". Lass sie uns mal alle vier ansehen.

Die gute Nachricht

Gott ist unser allwissender, allmächtiger, durch und durch guter Schöpfer und Herr. Er hat uns geschaffen, damit wir mit ihm eine Beziehung eingehen können. Wir sind dazu gemacht, ihn persönlich kennenzulernen.

Würdig bist du, unser Herr und Gott, dass alle dich preisen und ehren und deine Macht anerkennen. Denn du hast die ganze Welt geschaffen; weil du es gewollt hast, ist sie entstanden (Offenbarung 4,11).

Du führst mich den Weg zum Leben. In deiner Nähe finde ich ungetrübte Freude; aus deiner Hand kommt mir ewiges Glück (Psalm 16,11).

Die Geschichte der *Menschen* zieht sich von Adam und Eva bis zu dir und mir. Wir haben gegen Gott rebelliert, indem wir seine Gebote gebrochen (was die Bibel „Sünde" nennt) und die Dinge in dieser Welt für selbstsüchtige Zwecke eingesetzt haben statt für das, wofür Gott sie bestimmt hat. Unsere Sünde trennt uns von Gott. Jetzt müssten wir eigentlich seinem Gericht ausgesetzt sein.

Alle sind schuldig geworden und haben die Herrlichkeit verloren, in der Gott den Menschen ursprünglich geschaffen hatte (Römer 3,23).

Alle Menschen sind nämlich dem Gericht Gottes verfallen und dieses Gericht beginnt schon offenbar zu werden (Römer 1,18).

Jesus Christus ist der Rettungsanker. Gott hat seinen eigenen Sohn auf die Erde geschickt, um den Tod zu sterben, den wir eigentlich verdient hätten. Durch den Tod und die Auferstehung von Jesus ist unsere Schuld bezahlt. Deshalb kann unsere Beziehung zu Gott in diesem Leben wiederhergestellt werden – auf ewig.

Gott hat die Menschen so sehr geliebt, dass er seinen einzigen Sohn hergab. Nun werden alle, die sich auf den Sohn Gottes verlassen, nicht zugrunde gehen, sondern ewig leben (Johannes 3,16).

Wie sehr Gott uns liebt, beweist er uns damit, dass Christus für uns starb, als wir noch Sünder waren (Römer 5,8).

Und, zu guter Letzt, ist die *Antwort*, die wir auf diese gute Nachricht geben können, Gottes Angebot anzunehmen und uns von ihm retten zu lassen. Das bedeutet, sich von dem abzuwenden, wovon man weiß, dass es falsch ist, und sich Gott zuzuwenden, ihm zu vertrauen und zu gehorchen.

Missachtet ihr die große Güte, Nachsicht und Geduld, die Gott euch bis jetzt erwiesen hat? Seht ihr nicht, dass er euch durch seine Güte zur Umkehr bewegen will? (Römer 2,4).

*Wenn ihr also mit dem Mund bekennt: „Jesus ist der Herr",
und im Herzen glaubt, dass Gott ihn vom Tod auferweckt
hat, werdet ihr gerettet* (Römer 10,9).

Das absolut Schwierigste

Was du gerade gelesen hast, ist das Evangelium. Diese
einfache, tiefgreifende Wahrheit hat Millionen von
Leben umgekrempelt. Da kommt die Seele der *Rebelution* zum Tragen, denn echte Veränderung ist davon
gekennzeichnet, dass man Gott so sehr vertraut, dass
man ihm tatsächlich gehorcht; dass man das tut, was
ihm gefällt, selbst wenn es anderen Leuten nicht gefällt; dass man, kurz gesagt, *Schwieriges anpackt*.

Weißt du, wir gehen Schwieriges an, weil Jesus das
Schwierigste überhaupt getan hat. Er hat etwas getan,
was wir für uns selbst nie hätten tun können: Er ist an
unserer Stelle gestorben und hat für unsere Sünden
bezahlt. Ohne ihn hat nichts, was wir versuchen oder
erreichen, irgendeine Bedeutung, die von Dauer ist.
Aber weil er etwas getan hat, das *absolute* Bedeutung
hat, kann unser Leben wirklich sinnvoll sein – nicht
nur in diesem Moment, sondern in alle Ewigkeit.

Diese Wahrheit lässt uns die Dinge mit Zuversicht
und Freude anpacken, selbst wenn es uns einiges
kostet. Warum? Weil wir wissen, dass die schwierigen Dinge wirklich etwas bewirken. Unser Vertrauen
gründet sich nicht darauf, wie großartig unsere Vision oder wie stark unser Bemühen ist, sondern auf

die Liebe und Weisheit Gottes. Wir rebellieren deshalb gegen die niedrigen Erwartungen in unserem Umfeld, weil Jesus uns gesagt hat, dass er die Welt überwunden hat und dass wir das gemeinsam mit ihm auch können. Wie Paulus in Philipper 4, Vers 13 so schön sagt, ist uns alles möglich durch Jesus Christus, der uns Kraft gibt.

Wir alle – Brett, ich, du – brauchen das, was Jesus für unsere Rettung getan hat. Und nicht nur, um uns in den Himmel zu bringen, sondern auch, damit wir unser Leben nicht mit Sachen verschwenden, die eigentlich völlig unwichtig sind. Gott bietet uns die Rettung als Geschenk an. Kostenlos. Man muss sie nur annehmen.

Selbst wenn du das alles schon kennst und du dir ziemlich sicher bist, dass du „gerettet" bist, denk noch mal genau darüber nach. „Ich bin Christ" ist viel mehr als nur ein Etikett wie „Ich bin blond" oder „Ich wohne in Seattle". Es geht darum, für wen (und was) du lebst. Du kannst in einem christlichen Elternhaus aufwachsen, jeden Tag beten … und trotzdem nicht für Gott leben. Es kann sogar sein, dass du das alles machst, weil es *leichter* ist, dich vor Familienangehörigen und Freunden „christlich" zu benehmen, statt offen das zu leben, wofür dein Herz wirklich schlägt.

Willst du mit uns das spannendste aller Abenteuer erleben? Wenn du das bejahst, haben wir einige Vorschläge für dich, was du als Nächstes tun kannst.

Rede mit Gott

Das kannst du jetzt, gleich, sofort, auf der Stelle tun, egal wo du bist oder wie spät es ist. Sag Gott mit deinen eigenen Worten, was dir auf dem Herzen liegt: dass du die Nase voll davon hast, nur so vor dich hin zu leben. Die genauen Worte sind dabei nicht so wichtig. Er ist da, er hört dich, er versteht dein Herz und er liebt dich, weil du sein Kind bist.

Erzähl es einem Freund

Ist jemand in deiner Familie oder in deinem Freundeskreis Christ? Sag ihr oder ihm, was bei dir abgeht, und bitte die Person, dir zur Seite zu stehen und mit dir zu beten, während du dich auf die abenteuerliche Reise mit Gott begibst.

Lies die Bibel

Schaff dir eine Bibel an, falls du noch keine hast. Am leichtesten verständlich sind moderne Übersetzungen wie die „Gute Nachricht". Fang mit den Evangelien im Neuen Testament an: Matthäus, Markus, Lukas und Johannes. Darin lernst du Jesus kennen.

Such dir eine christliche Gemeinde

Alle Christen – besonders neue – brauchen die Gemeinschaft mit anderen Gläubigen in einer Gemeinde vor Ort. Sie unterstützen dich und helfen dir bei deinen Fragen. Außerdem kann die Gemeinde ein Ort werden, wo du neue Freunde findest, die leidenschaftlich für Gott leben wollen – und gemeinsam ist man immer stärker!

Mach mit bei der *Rebelution*
Logg dich bei *TheRebelution.com* ein und lern gleichgesinnte Rebelutionäre aus aller Welt kennen. Erzähl uns deine Geschichte (book@rebelution.com). Wir würden sie wirklich gern hören.

■ ■ ■

Danke für deine Aufmerksamkeit. Gott mit dir!

Anmerkungen

Kapitel 2

Dawn Eden, „Think big! HS twins tell peers", *New York Daily News*, 28. August 2005, www.nydailynews.com/archives/news/2005/08/28/2005-08-28_think_big_hs_twins_tell_pee.html.

John Ethinger, „Judicial-Race Excesses", *The Huntsville Times*, 3. Oktober 2007.

Kapitel 3

Friedrich Heer, *Challenge of Youth*. Tuscaloosa, 1974, S. 128.

John Taylor Gatto, *The Underground History of American Education*. Oxford, 2000, S. 23–24, 30–33.

David Barnhart und Allan Metcalf, *America in So Many Words*. Boston, 1997, S. 233–234.

Asa Hilliard III, „Do We Have the Will to Educate All Children?", *Educational Leadership* 49, Nr. 1, September 1991, S. 31–36. Zitiert in Linda Lumsden, „Expectations for Students", *ERIC Digest* 116, Juli 1997.

Denise Witmer, „Teach Teens Responsibility by Setting Expectations", http://parentingteens.about.com/od/agesandstages/a/responisibility.htm.

Kapitel 4

Christian Smith und Melinda Lundquist Denton, *Soul Searching*. New York, 2005, S. 98–99.

J. C. Ryle, *Thoughts for Young Men*. Amityville, 1996, S. 10.

Lev Grossmann, „Grow Up? Not So Fast", *Time*, 16.01.2005, zu finden auf: www.time.com/time/magazine/article/0,9171,1018089,00.html.

John Piper, *Roots of Endurance*. Wheaton, 2002, S. 126.

Maria Puente, „George Washington cuts a fine figure", *USA Today*, 12.01.2006, www.usatoday.com/travel/destinations/2006-10-12-mount-vernon_x.htm.

Kapitel 5

Stanley H. Frodsham, *Smith Wigglesworth: Apostle of Faith*. Springfield, 1993. Deutsche Ausgabe: *Apostel des Glaubens: Smith Wigglesworth. Die Geschichte seines Lebens und Auszüge aus den Predigten*. Erzhausen, 2000.

Kapitel 6

Bits & Pieces, 28. Mai 1992, S. 15; vgl. http://net.bible.org/illustration.php?topic=294 unter „c" wie „complacency".

Charles Haddon Spurgeon, *The Treasury of David*, Band 1. Grand Rapids, 1976, S. 10, www.spurgeon.org/treasury/ps001.htm. Deutsche Ausgabe: *Aus der Schatzkammer Davids. 1. Die Botschaft von Sünde und Gnade in den Psalmen*. Evangelische Versandbuchhandlung Ekelmann.

Kapitel 8

Martin Luther King Jr., „What Is Your Life's Blueprint?", Vortrag an der *Barratt Junior High School*, Philadelphia, 26.01.1967. Zitiert auf SeattleTimes.com, http://seattletimes.nwsource.com/special/mlk/king/words/blueprint.html.

Kapitel 10

„Francis Schaeffer, Address at the University of Notre Dame, April 1981". Zitiert in Nancy Pearcy, *Total Truth: Liberating Christianity from Its Cultural Captivity*. Wheaton, 2004, S. 1.

John Piper, „Holy Ambition: To Preach Where Christ Has Not Been Named", Predigt vom 27.08.2006, www.desiringgod.org/ResourceLibrary/Sermons/ByDate/2006/1790_Holy_Ambition_To_Preach_Where_Christ_Has_Not_Been_Named.

Kapitel 11

Zach Hunter, *Be the Change*. Grand Rapids, 2007.

Jeremy V. Jones, „End Slavery Now", *Breakaway*, März 2007, S. 18–22.

Cornelia Seigneur, „Teens open their hearts to Portland's homeless", *The Oregonian*, 09.08.2007.

Sarah Corrigan, „Brantley Gunn: World-Changer", *Breakaway*, Juli 2007, www.breakawaymag.com/AllThe Rest/A000000575.cfm.